清代北京皇城写真帖

〔日〕 小川一真　摄影

杨文举　撰文

學苑出版社

《清代北京皇城写真帖》再版前言

小川一真（1860—1930年）是日本明治、昭和时代著名的文物摄影家，也是日本近、现代印刷技术发展的推动者之一。

早年小川一真曾在日本东京学习英语，15岁到美国学习摄影和印刷术，一年后归国，后在东京开办了自己的照相馆及印刷所，前后长达40余年。他把当时西方先进的摄影及制版技术引入日本，对日本早期的摄影及印刷业产生了很大影响。同时，他还参与过《写真新报》与《国华》杂志的发行、出版，成为日本摄影界颇具影响的人物，其后他被当时的日本皇家聘为摄影师。日本明治二十年后，他曾参与过日本文物调查，以其精湛的摄影技术，自费拍摄了大量珍贵的文物照片，得到了日本学术界的好评，奠定了其文物摄影家之地位。1900年庚子事变后，他在北京等地拍摄了大量的照片，这些照片现在看起来皆具有极高的学术及历史研究价值。鉴于他的特殊贡献，意大利、瑞典等国先后授予他勋章，以示奖掖。

小川一真在明治三十四年（1901年）作为摄影师随同伊东忠太、土屋纯一、奥山恒五郎到北京考察，拍摄了紫禁城及其他一些宫殿楼阁的建筑照片。由于此行得到当时日本东京帝室博物馆的资助，所以170余幅底片归其保存。明治三十九年（1906年）这些照片由日本东京帝室博物馆编辑，以《清国北京皇城写真帖》为名由小川一真出版部出版发行。

这部摄影集原收照片172幅，包括紫禁城、南北中轴线建筑与景观、颐和园、坛庙（天坛、先农坛、日坛、雍和宫、黄寺）、城墙与街道等部分。每幅照片皆附有文字说明，并对其位置、尺寸、材料、形状等做了简单的记录，是研究中国历史文化、宫廷建筑、园囿构造、美术装饰、文物考古等方面珍贵的历史资料。其中很多照片可作为记录那个历史时期的代表作：如从《太和殿》系列照片中可以发现，很多宫内宝物已经被八国联军掠走；《紫禁城全景（从永安寺望之）》、《景山顶上望见北方》等照片则呈现了当时部分北京街区的概貌。这些照片既有历史价值，也有艺术价值。另如《朝阳门》、《东四牌楼铺户》、《大高玄殿前习礼亭》、《万佛楼》等照片中的景致已成千古绝唱，其历史文化价值则更高。还应特别指出的是，这部书作为系统反映20世纪初紫禁城全貌的摄影集，其学术性、艺术性、系统性在同类影集或照片中是首屈一指的。

除此书之外，小川一真拍摄的有关中国之摄影集，主要还有《北京皇城建筑装饰》与《北清事变写真帖》两部摄影集。

《北京皇城建筑装饰》出版于明治三十九年（1906年），共收图片80余幅，很可能是同一时期所摄。此书可视为《清国北京皇城写真帖》的姊妹篇，主要收录了中国皇家及古代建筑上的各种图案及样式，印刷精美，并附有大量彩绘图案，对研究我国古代皇家建筑及文物修复极具参考价值。

此外，在1902年小川一真还出版过《北清事变写真贴》。此书为八国联军侵华时期小川一真在北京、天津等地拍摄的照片，主要是当时八国联军部队情况及沿途的一些照片，是研究八国联军侵占北京的真实的资料，其价值为学者所共识。以上这两部书本社亦已出版。

需要说明的是，此次出版《清代北京皇城写真帖》，我们对原摄影集进行了必要的调整。首先，调整了照片的顺序，在基本保持原顺序的基础上，按照一定的空间方位和建筑布局重新安排了照片的顺序。照片按内容分作五部分：（一）紫禁城及中轴线区域。紫禁城南面的中轴线部分，以《正阳门内》为首，空间上由正阳门向北，照片依次为《天安门》、《华表》、《午门》。紫禁城内的照片，首为中路大殿建筑，由南而北，自《太和门》至《坤宁宫》；次为西路建筑，由北而南，自《遵义门》至《武英门后檐》；再为东路建筑和御花园，由南而北，自《文渊阁》至《神武门》。出紫禁城后，为大高玄殿和景山的照片。原书将《太和门》、《太和殿》、《乾清宫》三幅照片置于前三的位置，是基于封建建筑的等级，将高等级规制的建筑排在前列。更改后的顺序既理顺了空间方位，又遵循了人们（包括小川一真）游览紫禁城的通常路线。（二）西苑三海。先北海、后中海、南海。（三）颐和园。顺序基本遵从原书，只将《智慧海》调至万寿山前建筑群系列照片之后，因智慧海位于万寿山最高点，在山前建筑群的后方。（四）坛庙。基本上也为原书顺序，天坛区域按先南后北的次序略做调整，依次为圜丘、皇穹宇、祈年殿。（五）其他。仅四幅照片，依原书先后顺序排列，即《朝阳门以北城墙》（原第四幅）、《朝阳门》（原第五幅）、《东四牌楼铺户》（原第一百七十一、一百七十二幅）。

其次，删去了原书的英、日文目录及说明文字，只保留了中文目录及文字说明。原第一百六十九（《日本驻屯军令部大行李宿舍门》）、一百七十（《日本驻屯军司令部大门》）两幅照片因内容原因删去，只保留图名。

再次，订正了部分照片的图名。如，第二十二幅（此序号为原序，下同）照片原图名为《太和殿前铜狮》，实际上是太和门前铜狮。第八十八幅原图名《雨华阁前面》，实为雨华阁后面。第一百三十三幅《瀛台内庭院小亭》，实为南海东岸的流杯亭。又如，第九十二幅原图名为《永康宫房檐犄角》，按清代紫禁城内没有名为“永康宫”的大殿，以宫殿规制（黄琉璃瓦重檐歇山顶、九只脊兽）而论，西路建筑中只有太后居住的正宫慈宁宫才有这样的规制，又慈宁宫外有永康左、右门；再以摄影者经行路线推考，该幅照片应为慈宁宫东面的房檐。再如，第一百一十幅《大高玄殿前楼》改为正式名称《大高玄殿前习礼亭》；第一百三十六幅《瀛台里太液池南海中亭子》改为《迎薰亭》；第一百四十五幅《万寿山佛香阁后佛堂》改为《智慧海》。图名更改之处，不再专做说明。感谢杨文举先生为本书照片撰写文字说明。

原书的文字说明由日本东京帝国大学（1947年改称东京大学）工学博士伊东忠太撰写，汉译者为青柳恒，英译者为富尾木知佳。

学苑出版社

目　录

西苑三海区域

颐和园区域

坛庙

其他

清代北京皇城写真帖

正阳门内

【图 1】

该照片展现的是正阳门内棋盘街和大清门的景象。这张照片拍摄的时间是 1901 年，此时正阳门城楼已被八国联军的炮火摧毁，城台上一片废墟。正阳门俗称前门，明永乐十七年（1419 年）修建，正统元年（1436 年）改名正阳门，门名“正阳”取“圣主当阳，日至中天，万国瞻仰”之意。正统四年添建正阳门箭楼，正阳门城楼占地 3047 平方米，坐落在砖砌城台之上，城台南北上沿各有 1.2 米的宇墙。城楼为灰筒瓦绿琉璃剪边，重檐歇山三滴水结构；楼上楼下均四面有门，面宽七间，进深三间；楼身宽 36.7 米，深 16.5 米，高 27.3 米，整座城楼通高 42 米，在北京所有的城门中最为高大。

这幅照片当是摄影者站在正阳门城台上向北居高临下所照，照片中的三门洞建筑就是大清门。大清门为单檐歇山顶的砖石结构建筑，飞檐崇脊，建于明永乐年间，明代称“大明门”。该门位于皇城天安门之南、内城正阳门之北，北京城中轴线上，为明清两代皇城第一门。永乐年间该门建成时，明成祖朱棣命大学士解缙题门联，解缙书古诗以进：“日月光天德，山河壮帝居”。大明（清）门是皇帝参加重要庆典出入之门。明清时期，皇帝在每年冬至到南郊天坛去祭天，夏至到北郊地坛祭地，孟春祈谷到先农坛亲耕田。凡遇这些大典，午门、端门、天安门、大明（清）门豁然洞开，皇帝头戴金冠，身穿龙袍，坐着御辇，威风凛凛地由大明（清）门出行举行祭祀典礼。在封建社会，大清门只有皇帝才能出入，就连皇后，也只在大婚之日，方有资格从大清门进入皇宫。

大清门门前左右各有一尊石狮和下马石碑，其与正阳门城楼之间为一方形小广场，广场四周围以石护栏。广场上有“十”字形交叉的通道，俗称棋盘街。东西向的道路也围有护栏，分别通往东交民巷和西交民巷。南北向的石砌道路为御路，南连正阳门，北通天安门，御路恰似中国象棋盘上的“楚河汉界”。在千步廊区域不准平民通行的情况下，棋盘街遂成为当时东城、西城、南城市民来往的交通枢纽。棋盘街是明清时期北京繁华的商业中心，买卖兴隆，热闹非凡。《长安客话》描述到：“大明门前棋盘天街……天下士民工贾各以牒至，云集于斯，肩摩毂击，竟日喧嚣，此亦是国门丰豫之景。”棋盘街还是禁兵屯驻的营地，每遇皇帝大典出宫时，御林军先期在此扎营，这时各店铺收摊关门。明清时期，平民百姓是不能走御路的，而拍照时慈禧太后和光绪皇帝仍在西安避难，京城为八国联军侵占，封建礼制轰然崩溃。于是在照片上可以见到，有马车、平民行走在御路甚至御路中央皇帝专用道上。

辛亥革命胜利，清帝退位，中华民国政府决定将大清门改称“中华门”。在辛亥革命一周年庆典前一天，即 1912 年 10 月 9 日清晨，人们将刻有“大清门”三字的旧匾额取下，准备翻过来用其背面刻字，却发现匾额背后已有“大明门”三字。原来两百多年前的先人们也有同样的想法，顺治元年清朝更名“大清门”时，就利用了匾额背面。于是民国政府又赶制了一块匾额，“中华门”三字由时任京兆尹的王治秋书写。

大清门东西两侧有高墙相连，在两堵墙的北面各有廊房一百一十间，夹御道而建。廊房向北直延伸至天安门的南边，又东、西折各建三十四间，分别接长安左门和长安右门。这些廊房皆连檐通脊，称“千步廊”，在天安门和大清门之间围成了一个 T 字型广场，这个广场称为皇城“外郛”。千步廊两侧，左（东）文右（西）武，中央各部衙署分列东西。明代时，千步廊东侧是礼部、吏部、户部以及宗人府、兵部、工部、鸿胪寺、钦天监等，衙署建筑均坐东朝西；西侧是五军都督府、太常寺、通政使司、锦衣卫等，衙署建筑均坐西朝东。明朝人云：“列六卿于左省，建五军于右隅”。清代，广场东侧衙署沿用明朝旧制，时称户部街，户部街外侧又增设翰林院、太医院、总理各国事务衙门等。广场西侧，在明锦衣卫旧址建刑部，时称刑部街，后又增设了都察院、大理寺等司法机关，又称司法部街。在照片中“千步廊”的东侧清晰可见，而西侧被高树遮蔽。大清门再往北可看到天安门城楼、午门的配楼以及太庙等高大建筑。

1928 年，民国政府将中华门和天安门之间南北走向的昔日御道定名为“中华路”。解放后，随着人民英雄纪念碑的建立和天安门广场的改扩建，1959 年拆除了大清门及千步廊东西墙，“中华路”地名也随之被取消。1976 年在大清门遗址处修建了毛主席纪念堂，今毛主席纪念堂与正阳门城楼之间的广场则是棋盘街旧址。

图1　正阳门内

天安门

【图2】

天安门始建于明永乐十五年（1417年），初名“承天门”，取“承天启运”、“受命于天”之意，喻示至高无上的皇权是“受命于天”。当时天安门只是一座黄瓦飞檐、三层楼的五座木牌坊，朱漆金钉，光辉璀璨，牌坊正中高悬“承天之门”的匾额。天顺元年（1457年），承天门遭雷击起火被毁。成化元年（1465年），由时任工部尚书白圭主持重建，设计者为号称“蒯鲁班”的蒯祥。这次重建，奠定了如今天安门的形制。此后，明代180年间屡有修缮，但都未做较大变动。崇祯十七年（1644年），李自成率领义军攻占京城，承天门毁于战火。清顺治八年（1651年）重建并更“承天门”为“天安门”，康熙二十七年（1688年）和新中国建国后的1952年，又两次大规模修缮。1970年重修天安门，仍保持原有形制，但比原来高了83厘米，通高为34.7米。

清顺治八年（1651年）更名为“天安门”，是取“受命于天”、“安邦治民”之意。明时称“承天门”，但挂的却是“承天之门”匾额。顺治八年更名后，悬挂的是“天安之门”字样的匾额。据考证，天安门匾额在清初刻有满、汉、蒙三种文字，并按满语语法直译为“天安之门”。后来将匾额上三种文字改为满汉两种文字，汉字改成用楷书书写的“天安门”三字，去掉了“之”字，字体也相应扩大。汉文“天安门”中的“天”字，高度由原来的200毫米增加到380毫米，几乎增大了一倍。辛亥革命推翻清朝政府后，匾额上的满文被除掉，只剩下“天安门”三个汉字。满洲人以“化外之族”入主中原，为了长期统治，除了政治经济上的措施外，还在城门的名称上大做文章。由于当时接连不断的反清斗争危及清廷的统治，清代统治者特别注重“安”与“和”的策略，以求统治的“长治久安”。如将紫禁城内“皇极殿”、“中极殿”、“建极殿”分别改名为“太和殿”、“中和殿”、“保和殿”，“承天门”更名为“天安门”，既涵盖了“承天启运”的命名思想，又纳入了“安邦治国、国泰民安”的寓意。此外，皇城的“地安门”、“东安门”、“西安门”三个门，也都突出了一个“安”字，以示外安内和。

在封建帝制时代，天安门是京城最高的建筑，通高九丈九尺，“九”为至阳之数，象征着皇权至高无上，再加上正脊的鸱吻，天安门通高33.87米。天安门的主体建筑分为上下两层。下层为色彩浓郁的朱红色城台，四周环绕琉璃瓦封顶的矮墙，城台用每块48斤重的大城砖筑成，建在雕刻精美的汉白玉须弥座台基上，台基高近五尺（1.59米）。整个城台通高三丈九尺，亦含“九”之数，合13米。城台总面积达4800平方米，东西两侧各有一条长达百级供上下城楼用的梯道，俗称马道。城台下有券门五阙，中间的券门最大，高8.82米，宽5.25米，其余四门两两对称，依次减小。城台之上是巍峨的城楼，重檐歇山式，黄琉璃瓦顶，东西面阔九楹，南北进深五间，乃是取“九五”之数，以应《周易》“九五，飞龙在天”之意，象征皇帝的至尊地位。城楼正面有36扇朱红菱花格门窗，城楼基座周围有雕刻着莲花宝瓶图案的汉白玉栏杆、栏板。城楼内所用木材大部分是楠木，60根红漆通天圆柱排列整齐，柱顶上为绘着烫金双龙和玺彩锦的梁枋和团龙图案的天花藻井。地面铺的全是金砖，面积约2000平方米。屋顶的正脊与垂脊上装饰着螭吻、仙人、走兽。一个450公斤重的八角宫灯和16个各重350公斤的六角宫灯组成众星捧月图案，使整个大殿庄严雄伟，金碧辉煌。

天安门是皇城正门，其北面依次是端门、午门，南面依次是大明门（大清门）、正阳门，一条笔直的中心御道自皇宫正门的午门直通国门大明门（大清门）。午门至天安门的御道及院落两侧，依左祖右社的传统规制建造，东（左）为太庙（今劳动人民文化宫），是皇帝祭祀祖先的地方；西（右）为社稷坛（今中山公园），是皇帝祭祀土地和五谷神的地方。天安门至大明门（大清门）的御道两侧为千步廊，与长安左右门之间的东西向天街——“长安街”一起，围成一个封闭的“T”字形宫廷广场。广场外围为衙署，按东文西武排建。

一枕碧流的外金水河横卧天安门前，桥上架着五座精美的汉白玉桥，桥面微拱，桥身如虹。桥南东西两侧，矗立一对汉白玉华表和一对石狮，华表龙盘云绕，极富气势，石狮威武庄严。

作为皇城正门，天安门地位至尊无上，无处不体现着封建等级制度。天安门城台下中间的券门，位于皇城中轴线上，只有皇帝及新婚皇后入宫时才可以由此出入。明清五百多年间，天安门是新皇登基、皇帝大婚的必经之路，是皇帝每年到坛庙祭天祭地祭祖先的必经之路，也是“金凤颁诏”、“金殿传胪”等活动的场所。皇帝御驾亲征和大将出征时，在天安门前祭路祭旗，凯旋归来“献俘”、“受俘”，也都要启用天安门。

图2　天安门

外金水河上中央那座雕着蟠龙柱头的桥，只许皇帝一人通过，叫做“御路桥”；其左右两座雕有荷花柱头的桥，只许亲王通过，叫做“王公桥”；再两边的桥，只许三品以上文武大臣通过，叫做“品级桥”。另外还有两座普通浮雕石桥，分别在太庙和社稷坛门口，是四品以下官吏和兵丁走的，叫做“公生桥”。天安门周边是拒黎民于千里之外的禁区，普通百姓就算探头一看，即犯“私窥宫门”的重罪，格杀勿论。

“金凤颁诏”是皇帝登基、册立皇后等重大庆典时在天安门举行的颁诏仪式。仪式隆重繁琐，工部要预先在天安门正中垛口设置备有黄案的宣诏台，并准备好“金凤朵云”（漆成金黄色的木雕凤凰和雕成云朵状的木盘），奉诏官（捧接诏书的官员）和宣诏员（宣读诏书的官员）身着官服恭候。皇帝在诏书上盖御玺后，由礼部尚书用云盘承接诏书，捧出太和殿，暂放于午门外龙亭，然后在鼓乐仪仗的引导下抬到天安门城楼，放在宣诏台的黄案上。宣诏官登台面西而立，宣读诏书。此时在天安门下金水桥南，文武百官和耆老按官位序列依次面北而行三跪九叩大礼。读完诏书，奉诏官把诏书卷起，衔在木雕金凤的嘴里，再用彩绳悬吊“金凤”自天安门垛口正中徐徐放下。礼部官员双手捧着“朵云”等在城楼下，接住“金凤”嘴中的诏书，此举称“云盘接诏”。诏书被置于天安门前的龙亭，然后在黄盖、仪仗、鼓乐的前导下，浩浩荡荡抬出大清门，送往礼部衙门。礼部尚书早已经由长安左门回到衙署门前跪迎诏书，行三跪九叩礼。随后，再在黄纸上誊写若干份，分送各地，颁告天下。天安门最后一次举行“颁诏”，是清宣统三年（1911年）十二月二十五日隆裕太后颁布宣统皇帝退位的诏书。

天安门是唯我独尊的帝王权力的象征，纵使专横跋扈擅政弄权的慈禧太后，也终身不敢涉足天安门一步。慈禧与她的儿媳妇——同治皇后阿鲁特氏不和，于是大施淫威，干涉儿子房帏之事。阿鲁特氏忍无可忍，曾说到自己是自大清门入天安门抬进来的正宫皇后，以讽刺慈禧只是咸丰皇帝的嫔妃。慈禧气得咬牙切齿，在同治皇帝驾崩后不久，便逼死阿鲁特氏。明代甚至连皇帝的生母能否从天安门通过都引起争议。明世宗朱厚熜乃兴献王之子，做皇帝本来没他的份儿，因武宗无子嗣，他以武宗堂弟的身份即位，改年号为嘉靖，可以说是天上掉下来的皇位砸到他脑袋上了。后来，他的生母要去太庙祭祖，在经行哪个门进出的问题上，官员们又就此引起一场争论。因为朱厚熜继承了皇位，按礼仪算是过继给孝宗一房，应尊孝宗皇后为皇太后，其生母是没有资格经过天安门的。最初大臣们议定由东安门进入，后来在嘉靖皇帝的坚持下，改由大清门入天安门去太庙。

然而在这幅照片中，天安门不再有威严肃杀的气氛。城台的外墙剥落残破，城头上杂草丛生，城楼弹痕累累，直到1952年维修时，还在木梁上取出三颗未炸的炮弹。仅供皇帝行走的御道上，马车、毛驴零星往来。金水河的王公桥头和华表下，停靠着三三两两的人力车，甚至还搭起了临时凉棚。而此时，皇帝和太后却如丧家之犬流落在当年大唐的都城——西安。

拍摄这幅照片的十年之后，轰轰烈烈的辛亥革命推翻了两千多年的封建帝制。帝制废除后，宫廷广场两侧紧闭的大门洞开，长安街变成畅通的东西要道。新中国定都北京，天安门也成了伟大祖国的象征。昔日等级森严、衙署林立的皇家禁地成为自由开放、广阔壮丽的人民广场。

图3　天安门前东侧华表正面

华表

【图3】【图4】

天安门前一对华表挺拔矗立，它们和天安门前的石狮以及金水桥一起，烘托出皇城的赫赫气势。华表与中华民族、中国古老的传统文化紧密相连，它是中华民族的传统建筑，历史悠久，相传在尧舜时代就出现了。关于华表的来源，有数种不同的说法。

一般认为，华表是一种用于纪念和标志的立柱。据说在尧舜时代，人们在交通要道竖立木柱，作为行路时识别道路和方向的标志，后来的邮亭、传舍也用它做标志。当时的这种木柱称做“桓木”或“表木”，后统称“桓木”，因古音“桓”、“华”相近，所以逐渐读成了“华表”。同时上古的华表还有一个作用，是鼓励人们提意见，又名“谤木”或“诽谤木”。“诽谤”一词在古代是议论是非的意思。相传尧、舜为了纳谏，在交通要道和朝堂上树立木柱，人们可以在上面刻写意见，“书其善恶于华表木也”。晋代崔豹在《古今注·问答释义》中提及华表的这两种功用，诽谤木以横木交于柱头，“状若花也，形似桔槔”；其作用有二：以表王者纳谏也，亦以表示衢路也，即接受谏言，指示方向。

一种说法认为，华表源于远古部落的图腾。远古先人都将本部落的图腾标志雕刻在华表上，顶礼膜拜，视如神明。华表的雕饰因部落图腾不同而各异。后来，人们渐渐淡薄了图腾，华表上雕饰的动物也变成了人们喜爱的吉祥物，比如仙鹤等。据说汉代辽东有个叫丁令威的州官，爱民如子，好道术，喜欢养鹤。后来辽东饥荒，丁令威私自开仓济民。皇上听说后大怒，下令将其绑缚法场斩首。刽子手刀将落时，几只仙鹤凌空而下，驮着丁令威腾云而去。百姓们为了纪念这位好官，在丁令威的家立了一对高两丈有余的华表，华表上镌刻着仙鹤。千年之后，得道成仙的丁令威化鹤飞归辽阳，久久盘旋，落在城东的华表柱上，作歌曰："有鸟有鸟丁令威，离家千年今始归，城郭如故人民非，何不学仙冢累累。"此后人们将白鹤雕刻于华表柱子上，以示吉祥。如唐代杜甫有诗云："天寒白鹤归华表，日落青龙见水中"，说明唐代华表柱顶上雕饰的是白鹤。又宋代张择端名画《清明上河图》中，华表上雕饰即有白鹤。

另有一种说法认为，华表是由古代一种名为"木铎"的响器演变而来。"木铎"是中间细腰、腰上插有手柄的振鸣响器。先秦时，天子派遣官员奔走于四方，征求诸侯和百姓的意见，他们敲击木铎以引起人们注意。后来天子不再派人出去，而是将大型的木铎矗立于王宫前，等人找上门来。几经演变，木铎就成了后世的华表。

还有人认为，华表原是古代的一种观测仪器。古时有一种观察天文的仪器，叫做表，立木为竿，以日影长度测定方位、节气，并以此来观测恒星年的周期。另外，在建筑施工之前，亦以此法取正定位。类似于宫殿这样的大型建筑因施工期较长，立表须长期留存。为了坚固起见，常改立木为石柱。宫殿完工后，石柱也就成了宫殿的附属建筑物，逐渐演化为宫殿、坛庙、寝陵等重要建筑物的标志。

天安门前后的华表建于明成化元年，迄今已有五百多年的历史。华表以汉白玉雕刻而成，分为柱头、柱身和基座三个部分，通高为9.57米，重20000多公斤。柱身呈八角型，直径98厘米，一条四足五爪的巨龙盘旋而上，龙身外布满云纹，在蓝天白云的衬托下，巨龙跃然飞舞，似在云天遨游。在雕龙巨柱上端，横叉着朵状白石云板，上面雕满祥云。柱顶端为圆型"承露盘"，据说源于汉武帝时，方士说用铜盘承接甘露，和玉屑服药，可寿八百岁。西汉太初元年（公元前104年）在长安城外的建章宫神明台立一铜铸仙人，双手举过头顶，托着一个铜盘，呈接天上的甘露，后来简化为柱顶放置圆盘。承露盘上的似犬非犬的蹲兽"犼"（是传说中的食肉兽）。天安门前华表上的这对犼，面向宫外；而在天安门后也有一对规制相同的华表，其上的蹲兽犼则面朝向宫内。传说犼性好望，犼面向宫外，是希望皇帝不要迷恋游山玩水，快回到皇宫来处理朝政，所以名字叫"望帝归"。可见皇宫的华表不单纯是建筑的装饰品，更有时刻提醒帝王勤政为民的象征意义。华表基座也呈八角形，借鉴了佛教造像的基座形式，称为须弥座，基座外围以四边形石栏杆，栏杆四角的石柱上各有一只憨态可掬的小石狮，头的朝向与承露盘上的石犼相同。

默默矗立的华表经历了无数风霜雨雪，见证着中华民族的兴衰起落。1900年，八国联军炮轰天安门，门前的华表、石狮也身受创伤。岁月流逝，却抹不去中华民族的伤痕。【图3】所见为天安门前东侧华表，其基座护栏有两个角石柱上的小石狮已为战火所毁。【图4】可见东西两座华表，近者为东侧华表，远者为西侧华表，西侧华表上端至今还存留着无法修复的疤痕，记录着八国联军的罪行。

华表同样也见证了中华人民共和国的诞生，建国后的前几年，国庆节时都要在天安门广场举行盛大的游行庆祝活动。为方便游行队伍和交通的便利，1950年8月把华表和石狮向北挪移了6米，至现在的位置。

图4　天安门前华表侧面及长安右门

【图4】西侧远端华表的远处（西面）为长安右门，门三阙，单层歇山顶，上铺黄琉璃瓦，门墙皆涂红色，该门为天安门的西复门。长安左、右二门取“长治久安”之意，是皇城通往中央官署衙门的总门，门前各竖立一座巨大石碑，上刻“官员人等，到此下马”八个大字，并有禁军值守。明清时期，文武百官须在二门外下马下轿，步行经天街，入天安门，到皇宫大殿上朝。每年秋季八月中旬，皇帝诏令三法司（刑部、都察院、大理寺）会同王侯、大学士、九卿等在西千步廊旁进行“秋审”，复核各省死囚的名册、口供和判决。由东到西，几十张大八仙桌横列，上铺红毡，坐西朝东，会审卷宗，互审各犯判文。“秋审”前，各省总督、巡抚对有关案件先行审核，并提出意见给“秋审”参考。经过“秋审”的案件，分为情实、缓决、可矜（案情属实但情节不严重，可免于处死）、留承养祀（情节较重，但父母、祖父母年老，无人奉养），奏请皇帝批准，只要皇帝红笔一勾，该犯的死刑就最后确定了。参加秋审的官员不了解实际案情，也不做认真调查，只凭报上来的纸册、文字、条文，朱笔一挥，便判为死刑或缓刑，时人称“秋审”为“审字眼”。每年霜降前，在长安右门举行“朝审”，将刑部监狱内的死罪犯人全部提押出来，至长安右门下车，带到天安门广场西侧的千步廊公案前，面朝西跪下，排列整齐，接受讯问。审判官把审判意见上报皇帝裁决，以示“慎刑”。如果皇帝在死囚名字上画勾，则绑缚刑场执行死刑，称为“勾决”。没有画勾的犯人则可以多活一年，这叫做“勾免”，候来年再审。等在长安右门外的犯人家属，翘首企盼，若见“勾免”犯人被带出来，就在其脖子上挂一串山里红，表示死里逃生，暂时保得性命。因犯入长安右门犹如入虎口，凶多吉少，故时人又称长安右门为“虎门”、“白虎门”，以附“左青龙、右白虎”之意。长安左门则被称为“龙门”、“青龙门”，因为每次科举中榜的进士由状元率领着经长安左门至“龙棚”看榜，众举子“鲤鱼跳龙门”，“朝为田舍郎，暮登天子堂”，成为“一举成名天下知”的新权贵。这也是唯一允许在长安街上骑马的时候，新状元骑着御赐的高头大马，走过天街，以示“皇恩浩荡”。

1912年12月，为便利通行，拆除了长安左、右门汉白玉石槛；1931年1月，长安街正式通行；1952年因建天安门广场，长安左、右门被拆除。

图5　午门

午门

【图 5】【图 6】

午门位于紫禁城南北轴线南端，是紫禁城的正门。中国古代将十天干和十二地支与方位相配，其中正东为卯，正南为午，正西为酉，正北为子，因此人们常以“子午卯酉”来代之“东南西北”，经线则被称为子午线。午门居中向阳，是紫禁城正南门，故名“午门”。午门之前依次有端门、天安门（皇城正门）、大清门（国门），其后有太和门（正门），各门之内两侧排列着整齐的廊庑。这种以门庑围成广场、层层递进的布局形式正是古代“五门三朝”的制度，以突出皇宫建筑的威严肃穆。

午门建成于明永乐十八年（1420 年），后屡遭损毁，清顺治四年（1647 年）重修，嘉庆六年（1801 年）又修。它是宫城四门中最大的城门，也是紫禁城中最高的建筑。

午门通高 37.95 米，下部为高大的砖石墩台，上部为城楼。墩台高 12.00 米，台正面以垛墙围绕，连接禁城城墙，台后面砌宇墙，墩台两侧设上下城台的马道。午门的平面结构呈“凹”字形，东西北三面的城台相连，环抱成一个方形广场，这是由汉代的门阙演变而来的。古时有“有城必有阙，有街必有坊”的说法，午门的规制就是阙式建筑的最高形式。墩台正中开三门，并在两旁城台设有阙门，以点明午门为大阙楼，因此午门又称“午阙”。左右阙门称为“左掖门”、“右掖门”，这两个门洞分别向东、向西伸进墩台之中，再向北拐，从墩台北面出去。因此从午门的背面看，就有五个门洞了，所以午门的门洞有“明三暗五”之说。此外，这五个门洞的前面都呈长方形，而背面则为券形。为何这样设置，有人以阴阳、天圆地方解释。也有人认为，午门前气氛庄严肃穆，方形和整体气氛比较统一；而午门后为协调蜿蜒流淌的金水河，故用圆形。正面墩台下两处小房为侍卫值房，过去东西两厢及禁门都站满禁军校尉。东西两侧墩台下分别放置着嘉量和日晷，与通常东日晷、西嘉量的放置方法相反。

砖石墩台上为巍峨的城楼，城楼围以汉白玉精美栏杆。城楼的主楼，面阔九间，60.05 米，进深五间，25.00 米，以映“九五之尊”。主楼为重檐黄瓦庑殿顶，这种屋顶乃封建等级建筑中的最高级别。墩台两翼各有廊庑十三间，俗称“雁翅楼”，廊庑南北两端建有重檐攒尖顶的阙亭四座。威严的午门，宛如三峦环抱，五峰突起，左右呼应，错落有致，气势雄伟，形若朱雀展翅，所以又叫“五凤楼”。

作为宫城的正门，午门有着许多政治上的功能，而且各种活动都有十分森严的制度可循。比如关于进出午门就有各种规矩，其五个门洞各有用途：中门为皇帝专用，此外只在皇帝大婚时，皇后乘坐的喜轿可从中门进宫；还有每届科举金殿传胪时，状元、榜眼和探花可在宣布殿试结果后从中门出宫，而文武进士则按考中的名次，单数走左掖门，双数走右掖门。平日上朝，东侧门供文武官员出入，西侧门供宗室王公出入。门前设两根红杖，亲王以下人员经过时，护军均不起立行礼，有不报名擅入者，举杖便打。左右掖门平时不开，只有当在太和殿举行朝会大典时，文武百官才由两掖门按文东武西出入。再如礼乐制度，午门正门楼左右的两座阙亭，内设钟鼓，鸣钟击鼓的时辰都有讲究。每遇皇帝祭祀天坛、地坛、日坛、月坛、先农坛、社稷坛等，出午门时鸣钟；皇帝到太庙祭祀先祖时，则击鼓；每遇皇帝升殿举行大典时则钟鼓齐鸣。

每逢皇帝举行朝会或大祀，以及元旦、冬至、万寿、大婚等重大节日，都要在午门陈设卤簿、仪仗，中外臣工，分班肃立，极为隆重。经常在午门举行的活动主要有：赏赐颁朔、献得、大阅、廷林等。

在这幅照片中，高大巍峨的午门残破颓败，杂草遍地，乱树横生，正是“国破山河在，城春草木深”。午门内的紫禁城，昨天还是太后和皇帝的皇宫，今天则变成了八国联军的司令部，“午门昨又东风，故国不堪回首月明中”。

清帝国灭亡后，皇宫清冷败落，午门“马道”的门锁着，城楼就很少有人上去，这里居然成了飞檐走壁的大盗的居所。民国年间，午门建立了历史博物馆，曾经修缮过一次，从城楼的天花板上扫出了一些烧鸡骨头、荔枝壳和桂圆壳，这就是“飞贼”留下的。后来午门城楼基本处于关闭状态，“文革”期间办古建筑展览时，曾开放过一次，此后又一直关闭。直至 2005 年，午门修缮工程完成，一度朱门紧闭、马道紧锁的午门城楼于当年“五一”再次向公众开放，作为展览珍贵文物的展厅供游人参观。站在高高的午门上，南瞻天安门，北眺三大殿乃至景山万春亭，偌大皇宫尽收眼底。

图6　午门（北面）

图7　太和门

太和门

【图7】【图8】【图9】【图10】【图11】【图12】【图13】【图14】

太和门是外朝宫殿的正门，是一座宫殿式大门，也是紫禁城内最大的宫门，它堪称我国古代规格最高的门。太和门建成于明永乐十八年（1420年），当时称奉天门。嘉靖四十一年（1562年）改称皇极门，清顺治二年（1645年）改今名。气势恢弘的太和门与西边的贞度门、东边的昭德门构成了通向三大殿的门户【图7】、【图8】。三座门的前面是面积约26000平方米的封闭型广场，内金水河自西向东蜿蜒流过，广场两侧是排列整齐的廊庑。目光越过三座大门，紫禁城宫殿连绵起伏的高屋重檐隐隐可见，真可谓“覆压三百余里，隔离天日”。

太和门面阔九间，进深三间，建筑面积达1300平方米。上覆重檐歇山顶，下为汉白玉基座。重檐歇山顶是中国古建筑屋顶的尊贵式样之一，歇山顶由一条正脊、四条垂脊、四条戗脊共九脊组成，故亦称九脊殿，在封建等级中仅次于庑殿；歇山又有单檐、重檐之分，重檐比单檐尊贵。基座周围围有护栏，云龙翔凤望柱头【图11】、【图12】。基座南侧东西南三面出阶，基座北侧仅北面出阶；南北石阶各三道，中间石阶有雕刻蟠龙并衬托以海浪和流云的“御路”【图10】。太和门的梁枋、天花板等构件皆施以金龙和玺彩画【图9】。和玺彩画又称宫殿建筑彩画，分为金龙和玺、金凤和玺、龙凤和玺、龙草和玺和苏画和玺等五种。太和门梁枋图案为金龙和玺彩画，以示“真龙天子”至高无上。因为有了彩画，历经风雨的太和门至今依然金碧辉煌。太和门装对开实榻门板，是各类门板中形制最高、体量最大、防卫性最强的大门，其明间每扇大门宽2.66米，高5.4米，板厚20厘米，重达1.5吨以上；每扇门正面有九排九路共八十一个镏金铜门钉。太和门前列铜狮一对，铜鼎四只。这对铜狮，左雄右雌，威武凶悍，是故宫六对铜狮中最大的一对。

除太和门外，广场上还有昭德门、贞度门、协和门、熙和门四座门，皆为屋宇式大门，面阔五间，进深二间，黄琉璃瓦单檐歇山顶，旋子彩画大点金【图13】、【图14】，建筑规格比太和门低。太和门在它们的陪衬下，显得更加高大巍峨。

太和门之东为昭德门（明代称弘政门），西为贞度门（明代称宣治门）。光绪十四年（1888年）贞度门失火，殃及太和门与昭德门，次年三门重建。昭德门之东和贞度门之西各有阁楼一座，连接广场东西两侧的廊庑。两门左右两庑为侍卫值宿处所，门前面的台基两侧各有两座小值房。广场东西两侧廊庑各有二十二间，又称朝房。东侧廊庑在明代用做实录馆、玉牒馆和起居注馆，清代改做稽察钦奉上谕事件处和内诰敕房。西侧廊庑在明代为编修《大明会典》的会典馆，清代改为缮书房和起居注馆。

东侧廊庑正中为协和门，始建于明永乐十八年（1420年），初名左顺门。嘉靖三十六年（1557年）四月，三大殿因雷击起火，延及左、右顺门，翌年重建。嘉靖四十一年（1562年）九月改称会极门。万历二十五年（1597年）六月，“三殿又灾”，殃及会极门、归极门，至天启年间才重建。清顺治二年（1645年）五月改称协和门。协和门是联系紫禁城外朝中路与东路文华殿等区域的枢纽，是出入东华门的必经之路。

西侧廊庑正中为熙和门，也建于永乐十八年，初名右顺门，嘉靖四十一年九月改名归极门。顺治二年改名为雍和门，乾隆元年（1736年）改称熙和门。乾隆二十三年（1758年）该门第三次毁于火灾，同年十二月重建。协和门与熙和门正面的墁道边缘都向外倾斜，使其平面呈梯形，为的是和内金水河走势取得一致。

广场中间蜿蜒流淌的弓型人工河道是内金水河。金水河从紫禁城西北角护城河引入，曲曲弯弯南流，再向东，又再向南，时隐时现，或宽或窄，最后注入紫禁城东南角外的护城河，全长达两千多米。金水河流经几座重要的建筑前面，与紫禁城后的景山遥相呼应，形成背山面水的吉利的风水环境。金水河也有排泄雨水、供水灭火的功能。因河水自西北引来，西方在五行中属金，故曰“金水河”；亦取“金生丽水”之义，又相对天安门前外金水河而言，故称内金水河。金水河最华丽的河段就在太和门前，开阔规整，河底与河帮均用白石砌成，两面河沿设有汉白玉石的望柱和栏板。太和门前金水河之所以形成弓背形，乃是有所隐喻，河如弓，其上五座桥如利箭指向南方，形似引弓待射，取“坐北镇南”之义。五座内金水桥之中，居中的主桥最长最宽，称“御路桥”，只有皇帝才能通行。左右四座为宾桥，“御路桥”两旁的叫做“王公桥”，只许宗室亲王行走。“王公桥”左右的叫做“品级桥”，准许三品以上的文武大臣行走。

按照紫禁城的功能设计，太和殿为皇帝处理国事的核心建筑，太和门只不过是太和殿的正门。然而在明代和清代初期，太和门却“越俎代庖”地成为文武官员早朝和皇帝处理政事地方，这就是“御门听政”。史载明成祖朱棣迁都北京后，在金銮殿办理政务不到百日，紫禁城三大殿（时称奉天殿、华盖殿和谨身殿）便遭火灾焚毁。朱棣恐“违背天意”，不敢重修，只得将奉天门（今太和门）作为常朝和听政的重地。英宗正统六年（1441年），三大殿重建，但有的皇帝仍愿在奉天门（太和门）听政。1644年清军入关，顺治皇帝也在太和门听政，康熙时，御门听政移至乾清门。影视作品中常见“上朝”的镜头，殿内森严，群臣肃立，而实际上皇帝根本都没让大臣们进家门，只是在家门前听大臣们奏报。

御门听政于常规日的早晨举行，冬春季早上六点，夏秋季早上五点。届时午门击鼓，文武大臣列队从午门左右掖门进入，过金水桥，按品级分列于太和门两侧，东西相向立。当皇帝御门升宝座之时，鸣响鞭炮，大臣们行一跪三叩礼，在太和门广场御道两侧齐刷刷跪倒一片。九卿六部大臣依次奏事完毕后，再次鸣放鞭炮，皇帝起驾回宫，百官退出。

图8　太和门

图9　太和门的和玺彩画

图 10　太和门前陛

图 11　太和门基坛石栏上拟宝珠（一）

图 12　太和门基坛石栏上拟宝珠（二）

图 13　照德门前面

图 14　照德门内部

太和门前铜狮

【图 15】

太和门前广场的一对铜狮铸造于清乾隆年间，左雄右雌，威武凶悍，是故宫六对铜狮中最大的一对。照片中所见为太和门东侧的雄狮，这座铜狮的后面是太和门东侧丹陛，照片中的屋宇式大门为昭德门。

铜狮的外形呈金字塔形，显得庄严威武，气势雄伟。狮头顶螺旋卷毛排列疏密有致，张嘴露牙，似在咆哮，狮胸前绶带上雕花精美，前挂銮铃，肩挂缨穗，肢爪强劲有力，前肢后肘有三个卷卷毛，后背有锦带盘花结，狮尾向内甩翻呈卷花状。雄狮挺胸，右前爪下踩着一个绶带缠绕的绣球，象征着无上的皇权和寰宇的一统；雌狮低视，正用左前爪在逗弄幼崽，幼狮仰面朝天，口含雌狮爪尖，做嬉戏状，神态生动，颇为有趣，寓意着皇族子嗣昌盛。铜狮放置在须弥座上，须弥座刻满了繁缛细腻的铜雕花纹。

“狮”在中国传统文化中具有重要地位，它具有三层含义：其一，“狮”与“师”谐音，含荣显意；其二，“狮”与“事”谐音，使人联想到事事如意、好事不断、财事不断等，含吉祥意；其三，狮为威镇八方镇邪驱魔的吉祥物，这也是门狮最主要的作用。门狮及须弥座都源自印度的佛教文化，狮子是智慧佛文殊菩萨的坐骑。唐时期道教也将狮子当成吉祥物，到了宋朝，狮子逐渐生活化，成为一种吉祥图腾。门狮一般是左雄右雌，雄狮左蹄踩球，俗称“太师”，球是权力的象征，所谓“狮子滚绣球”，是将权力玩耍于掌握之中；雌狮右爪抚幼，俗称“少师”。须弥座又名“金刚座”、“须弥坛”，是安置佛、菩萨像的台座，象征佛教世界中心的宇宙间最高的须弥山，日月星辰环绕它出没回旋，三界诸天也傍依它层层建立。须弥座象征崇高伟大，意味着独尊与稳固，是我国古代建筑最高等级的基座。

太和门的铜狮安置也独有特点，既不像天安门那样置于中间三门两边，也不像乾清门那样摆在中门台阶两侧，而是偏置于太和门最外端，又在东西侧阶以内。这样的布局与“御门听政”有关，皇帝每日乘龙舆由乾清宫到太和门升座，即使最普通的常朝，礼仪排场也不可忽略，龙座周围张开五座伞盖，四幅围扇。百官行一跪三叩礼，听政开始，各部依次奏事。两座铜狮的位置限定着百官的活动范围，铜狮之间的三道台阶，只有随驾伞盖、仪仗才可行走，百官奏事，须依次从铜狮外围绕过，沿东西两端侧阶至太和门台基上。威严的铜狮见证着封建帝王的威仪。

图 15　太和门前铜狮

图16　太和门前嘉量石亭

嘉量石亭

【图16】【图17】

嘉量是我国古代的标准容器，古人把藁谷称为禾，把大禾称为嘉禾，又把量禾的工具称为嘉量。历代统治者都十分重视嘉量的制作，以作为天下量器的标准。《周礼·考工记》“时文思索，充臻其极，嘉量既成，以观四周，永启厥后，慈器维侧”。全器共分斛、斗、升、合、龠五个容量单位刻度。紫禁城重要地方都摆设嘉量，如太和门、午门等。太和殿和乾清宫前的两个嘉量为铜制并镀金，贮于单檐歇山式汉白玉石亭之内；太和门前嘉量石亭则为单檐庑殿顶。亭内的圆柱体的上部为斛，下部为斗，左耳为升，右耳上截为合，下截为龠；十斗为一斛，十升为一斗，十合为一升，两龠为一合。石亭汉白玉底座的上部雕祥云、海水、江崖纹饰，腰部刻四个“卐”字，下为须弥基座。乾隆初年，清廷得到东汉时期的圆形新莽嘉量（新莽嘉量今在台北），又考核了唐太宗时所造方形嘉量的图式，从而仿造了方形和圆形嘉量。太和门、太和殿前面的嘉量为方形，乾清宫前的嘉量为圆形。

嘉量一般放置于宫殿前和重要的场所，用以象征皇帝统一度量、衡天下，拥有至高无上的权力，是皇权的象征。嘉量是和日晷一起成对摆放在宫殿前的，东边放日晷，西边摆嘉量，象征着国家的统一和皇权的至尊。

图 17　乾清宫前庭嘉量石亭

日晷

【图 18】

日晷是中国古代利用日影测时的一种计时仪器，“晷”字的古意是太阳的影子，日晷通常由铜制的指针和石制的圆盘组成。铜制的指针叫做“晷针”，晷针垂直穿过圆盘中心，起着晷表中立竿的作用，因此又叫“表”；石制的圆盘叫做“晷面”或称“晷盘”，晷盘上有时间刻度，利用太阳的投影与地球自转所形成的日影长短的变化及方向的不同来测定时刻。

根据盘面安置方向的不同，日晷主要可分为地平日晷、赤道日晷、立晷、斜晷等类型。地平式日晷的晷针与晷盘面之夹角度数等于测时当地的纬度，使用时晷盘面与当地水平面平行，再由晷针投在晷盘上的日影求得时刻。立晷的晷盘面垂直于地平面。斜晷的晷平面指向任一方向。无论是何种形式的日晷，其指时针与地平面的夹角必需与当地的地理纬度度数相同。在中低纬度地区，日常所见的日晷基本上都是赤道日晷。世界上最早的日晷诞生于六千年前的巴比伦王国，中国秦汉时即已出现日晷，但文献记载极少，至南宋时始广泛流行。关于日晷最早的可靠记载是《隋书 · 天文志》中提到的袁充于隋开皇十四年（594 年）发明的短影平仪（即地平日晷）。而赤道日晷的明确记载初见于南宋曾敏行《独醒杂志》中提到的晷影图，但晷盘是木制的。

日晷置于宫殿前乃是皇权的象征，表示天子拥有向普天下臣民授时的最高权力。日晷一般与嘉量并列于左右，象征天地一统，江山永固。北京故宫里保存的都是明清时期制造的石质赤道日晷。赤道日晷的晷盘正面向南，为保证日影移动相对均匀，晷盘安放在南高北低的石台，使晷面平行于赤道平面，晷针的上端正好指向北天极，下端正好指向南天极。晷盘平面因所在地纬度差别，与地平面有一不同的倾角。北京天安门的纬度为北纬 39° 54′ 27″，因此故宫日晷的晷针与地平面的夹角约为40°，而晷盘与地面的夹角为50°。晷盘的正反两面都刻划出 12 个大格，刻上子、丑、寅、卯一直到亥 12 个地支，每个大格代表一个时辰，即两个小时。有的晷盘中心刻有十字线分别对准东西、南北方向。有的晷盘刻有圆环，则称赤道式罗盘日晷。当阳光照在日晷上时，晷针的影子就会投向晷面，太阳东升西落，投向晷面的晷针影子也缓缓地由西向东移动。移动着的晷针影子就好像是现代钟表的指针，而晷面则是钟表的表面，以此来显示时刻。从春分到秋分期间，太阳直射点位于赤道和北回归线之间，因此晷针的影子投向晷盘正面；从秋分到春分期间，太阳直射点位于赤道和南回归线之间，因此晷针的影子投向晷盘反面。

利用太阳光的投影来计时的方法是人类在天文计时领域的重大发明，人类用这种方法计时达几千年之久，但日晷的致命弱点是阴雨天和夜里没法使用。直到1270年，在意大利和德国才出现了早期的机械钟。万历八年（1580 年），西方传教士罗明坚将机械钟传入中国，因能自动报时，中国人称之为自鸣钟。到了清代，王宫贵府开始使用进口和自制的钟表。康熙皇帝对西方的自然科学知识非常感兴趣，他向西方传教士学习数学、天文学，还在乾清宫院内庑房专门开设了自鸣钟处，收藏西洋钟表。

1692 年初，康熙召集大学士、王公九卿至乾清门御前，欲以中国的日晷与西洋的钟表对决。康熙派人取来日晷，用笔画出正午时分光影应在的位置，众人顶着太阳等到正午。正午时刻，西洋钟所显示的时间与日晷完全吻合。这一实验令在场的王公大臣们对西方科技十分信服。

图 18　太和殿前日晷

铜鹤 铜龟

【图19】【图20】

太和殿前面丹陛的露台上，陈设着一对铜鹤、铜龟，分别摆放在东南角日晷和西南角嘉量石亭的北面。铜龟、铜鹤安置在石雕须弥座上，构造精细，外表华美，栩栩如生。其内部结构也十分精巧，龟、鹤内部空心，可以在它们的腹内装上燃料檀香。此外，殿前三层丹陛上还摆放着着十八尊鼎式香炉，其中最上一层丹陛露台上六座，其余两层丹陛和地面分别四座，据说这十八尊香炉代表着清代一十八省。每逢朝仪大典，皇帝端坐太和殿金銮宝座接受朝贺，殿内外跪满文武百官，中间御道两边仪仗威武肃立。大殿廊下，鸣钟击磬，雅乐悠扬，声势浩大。此时铜龟、铜鹤里焚起檀香，香炉中点燃柏枝，海底神龟、天界仙鹤皆喷云吐雾，香气袅袅，弥漫宫廷，犹如仙境。

龟、鹤都是瑞兽仙禽，乃祥瑞之物，放置在太和殿寓意着长寿吉祥。中国古代认为龙、凤凰、麒麟和龟是有灵性的动物，称之为四灵，作为祥瑞的标志。其实除了龟以外，其他三种动物都是人们依据想象创造出来的，只在传说中出现。古人认为龟具有先知先觉的灵性，每当举行重大活动之前，巫师都要烧龟甲，然后根据龟甲上爆裂的纹路来占卜吉凶，商周时代人们还把文字刻在龟甲上。所以，人们称龟为“神龟”、“灵龟”。龟也是动物界中寿命最长的物种之一，传说中的神龟寿命长达几千年至上万年，民间俗有“千年王八万年龟”的说法，人们把龟当成健康长寿的象征。神龟受到人们极大的尊敬，在皇宫、宅院和古代帝王的陵墓里，都有石雕或铜铸的神龟，以象征国运长久。

鹤也是传说中一种富贵、吉祥的灵鸟，是长寿的象征，更常与神仙相伴左右。古时传说有个叫丁令威的人，得道成仙，曾化鹤飞回故乡。唐诗中“昔人已乘黄鹤去”更是千古绝句，人们也将离开尘世喻做“驾鹤西归”。中国古代神话和民间传说中的“仙鹤”就是丹顶鹤，它是生活在沼泽或浅水地带的一种大型涉禽，被冠以“湿地之神”的美称。丹顶鹤羽色素朴纯洁，体形美丽，素以喙、颈、腿“三长”著称，直立时可达一米多高，它姿态飘逸雅致，啼鸣声给人以超凡脱俗的感觉。《诗经·鹤鸣》中就有“鹤鸣于九皋，声闻于野”的精彩描述。丹顶鹤成为高雅、长寿的象征，经常成为中国传统诗词和绘画的主题。实际上，丹顶鹤的寿命大约60年，在禽类中也算高寿的了。因神话和传说中丹顶鹤为仙界之禽，皇帝贵为真龙天子，皇宫自然也会有仙界的吉祥灵鸟，以示祥瑞。

据说紫禁城内的龟、鹤还有更深的隐喻。“鹤”字旧北京方言读“豪”音，而龟旧时俗读“横”（去声），二者合起来是为“豪横”。另外禁城内还有许多消防灭火用的太平缸，缸原皆镏金，亦称金缸，谐“金刚”音，其数目非四即八，喻四大金刚或八大金刚。按说这些缸应放在大殿前后，则救火时取水最为近便，但却都舍近求远，靠墙而置，其目的是为了取谐音“刚强”（缸、墙）。“豪横”意为坚强、有气势，恰与“刚强”对仗，皇家的威严气势，可见一斑。

图 19　太和殿前的铜鹤

图 20　太和殿前的铜龟

太和殿

【图21】【图22】【图23】【图24】【图25】【图26】【图2】7【图28】【图29【图30】【图31】【图32】【图33】【图34】【图35】【图36】

太和殿、中和殿、保和殿是外朝三大殿，是封建皇帝行使权力、举行盛典的地方，明、清两代有24位皇帝在此宣读即位诏书。三大殿共同建在“土”字形汉白玉石雕须弥座上【图24】，基座共三层，高8.13米，周围环以护栏。基台的南北各出三阶，中间的石阶有三层石雕九龙丹陛【图22】、【图23】。三层基座共有透雕栏板1415块，云龙翔凤的望柱1460个，栏柱下置排水用的石雕龙（一种没有角的龙，称为“螭”）头1142个。每逢雨季，水由龙头流出，大雨如白练，小雨如冰柱，千龙吐水，蔚为壮观。

太和殿就是人们俗称的“金銮殿”，是我国现存最大的木结构建筑物。向北穿过太和门，即进入面积达3万平方米的太和殿广场。广场地面横七竖八地铺着共15层地砖，正中御路两侧砌嵌两行白石雕成的约一尺见方的仪仗墩，两墩相隔三尺。仪仗墩区约200块，呈北窄南宽的八字形排列。当举行大典时，仪仗队站在墩上，手执旌、旗、伞、盖、斧、钺戟等，文武百官跪在御路两旁，在中和韶乐中行礼拜皇帝。广场东、西两侧各有庑房二十二楹，是由内务府掌管的皇家用品库房，计有缎库、皮库、瓷库、衣库、茶库，称为务府六库。庑房又连接着四座门和两座阁。太和殿台基下东西两侧，有两座单檐歇山顶的屋宇式大门，南北向，分别是中左门和中右门，两门与太和殿之间有高山墙相连。科举殿试考试的时候，中左门是弥封考卷的地方。清朝初年，中左门是议政王大臣集议的地方。东西庑房北端也各有一座单檐歇山顶屋宇式大门，东西向，东为左翼门，西为右翼门。两庑正中各有一座两单檐庑殿顶楼阁，东为体仁阁，在左翼门南；西为弘义阁，在右翼门南。两阁始建于明永乐十八年（1420年），面阔九间，进深三间，高25米，坐落于崇基之上；外观为两层，中间带有暗层。阁楼的两面山墙以一段卡墙分别与庑房和左、右翼门相连，以防火灾的蔓延。明初体仁阁称为文楼，用以存放《永乐大典》，嘉靖时改称文昭阁，清初改称体仁阁。乾隆四十八年（1783年）六月毁于火，当年重建，此后作为内务府缎库。清代各朝皇帝御容也曾藏于此。明初弘义阁称为武楼，嘉靖时称武成阁，清初改称为弘义阁，为内务府银库，收存金、银、制钱、珠宝、玉器、金银器皿等，也曾用来存放皇后妃嫔的册宝。“文楼”、“武楼”和“体仁阁”、“弘义阁”的名称体现了中国古代“东文西武”、“东仁西义”的方位思想【图21】。

太和殿建成于明永乐十八年（1420年），时称奉天殿；嘉靖四十一年（1562年）改称皇极殿；清顺治二年（1645年）改今名。自建成后屡遭焚毁，又多次重建，今天所见为清代康熙三十四年（1695年）重建后的形制。太和殿屋顶形式为殿顶中最高等级的重檐四阿庑殿顶。大殿面阔十一间，60.1米，通进深五间，33.33米，长宽比例正好是九比五，代表着九五之尊；建筑面积2377平方米，高26.92米，连同台基通高35.05米。前出廊，殿内共有72根松木大柱，其中直径达1米的大柱有92根；宝座两侧的6根蟠龙金柱高14.4米，直径1.06米，饰沥粉贴金蟠龙图案【图34】。室内外梁枋、斗拱、藻井等构件施金龙和玺彩画大点金，有双龙戏珠、单龙翔舞，有行龙、升龙、降龙，多态多姿，龙身周围衬托流云火焰【图27】、【图28】、【图29】、【图30】、【图36】。金琐窗、朱漆门及槅扇的上部嵌三交六椀菱花格纹，下部浮雕云龙图案，接榫处安有镌刻龙纹的镏金铜叶【图25】、【图26】。殿脊檐角安放10个走兽，数量最多。太和殿所有规制都是封建社会最尊贵的形式。

图 21　太和殿

太和殿内以金砖铺地，明间正中是一座约两米高的雕龙朱漆方台。方台东西南三面出阶，皆七级；南阶三道，中间最宽者为皇帝专用，阶前有四只香炉。台上设楠木金漆雕龙金銮宝座，背后是雕龙屏风。每年元旦、冬至、万寿三大节及册立皇后、点将出征、金殿传胪时，皇帝都要坐在这里，举行仪式接受百官朝贺。宝座两侧有四对陈设：宝象、甪端、仙鹤和香亭，都是铜胎嵌丝珐琅制品。宝象驮宝瓶，内盛五谷，象征天下太平、五谷丰登；甪端是传说中的神兽，可日行万里，通晓四方语言，遇到明君，它即捧书而至，护驾身旁；仙鹤象征吉祥长寿；香亭寓意江山稳固。照片中不见四种宝物，皆已为八国联军掠走，唯留宝物下基座。宝座上方有乾隆皇帝御笔匾额“建极绥猷”，“建极”语出《尚书·洪范》“皇建其有极”，即天子建立治国准则；“绥猷”语出《尚书·汤诰》“惟皇上帝，降衷于下民。若有恒性，克绥厥猷惟后”，即顺应天道人心。“建极绥猷”的意思是：为天子者，上体天道，下应民意，以中正的法则治理国家。宝座两侧金柱有乾隆御笔对联：“帝命式于九围，兹惟艰哉，奈何弗敬；天心佑夫一德，永言保之，遹求厥宁。”天帝任命君主治理天下，这真是艰难的事情，怎能不心怀诚敬呢？意思是说：天心眷顾纯一的美德，保佑君主永远安行此道，愿天下长享太平。宝座顶部天花正中安置形若伞盖穹然隆起的藻井，“井者，束井之像也；藻者，水中之物，皆取以压火灾也。”这个藻井为四方变八方变圆的形式，圆井最上方为盖板，又称“明镜”、“轩辕镜”，相传是黄帝所造，以示正统。明镜下雕塑蟠龙，龙头倒悬，口衔宝珠，正对宝座。据说袁世凯害怕大圆球宝珠掉下砸死他，故将宝座后移。他还将宝座换成西式高背大椅，直到1964年，宝座才回归原位。【图31】、【图32】、【图33】、【图35】

图 22　太和殿前陛

图23　太和殿中央一陛

图24　太和殿基坛

图 25　太和殿后面殿扉

图 26　太和殿前面窗户

图 27　太和殿里面

图 28　太和殿内东北隅柱及藻井

图 29　太和殿内宝座后上方藻井

图 30　太和殿内西隅梁

图31　太和殿宝座

图 32　太和殿宝座侧面

图 33　太和殿内中央梁及藻井

图 34　太和殿内蟠龙金柱

图 35　太和殿宝座上方藻井

图 36　太和殿前廊梁柱

中和殿

【图 37】【图 38】

太和殿后面为中和殿，是一座单檐四角攒尖镏金宝顶的方形殿宇，形制取自《大戴礼记》所述的“明堂”。建于明永乐十八年（1420年），初名华盖殿；嘉靖四十一年（1562年）改称中极殿；中和殿曾历经三次火灾，现存建筑为天启七年（1627年）重建。清顺治二年（1645年）始称中和殿，殿名取自《礼记 · 中庸》：“中也者，天下之本也；和也者，天下之道也。”殿高27米，深广各五间，每面均长24米，四周出廊，建筑面积580平方米。四面开门，正面三交六椀槅扇门十二扇，东、北、西三面槅扇门各四扇，门前石阶东西各一出，南北各三出，中间为浮雕云龙纹御路，踏跺、垂带浅刻卷草纹。殿内外檐、柱、枋等构件均饰金龙和玺彩画，天花为沥粉贴金正面龙。

殿内设地屏宝座，座上方悬“允执厥中”匾额，语出古文《尚书》的《大禹谟》“人心惟危，道心惟微，惟精惟一，允执厥中”。这是尧、舜、禹心心相传个人道德修养和治理国家的原则。“允执”即平心静气，静观执守，不离自性；“厥中”即“其中”。允执厥中即一心一意，精诚恳切地秉行中正之道，才能治理好国家。宝座前金柱上有对联：“时乘六龙以御天，所其无逸；用敷五福而锡极，彰厥有常。”意为太阳驾六龙永恒地在天空中运行，在于它自强不息；人君布五福（寿、富、康宁、攸好德、考终命）于百姓，才能永远获得人民的拥戴，要永远明白这一规律。匾额及对联皆为乾隆皇帝御书。宝座前的左右两侧有两只甪端，同时也为烧檀香之用，照片中不见这对神兽，恐已被八国联军劫去。宝座下平台两侧还有一对铜薰炉，以生炭火取暖之用。清代宫中烧用“红萝炭”，气暖耐烧，灰白而不爆。在宝座两旁通常还放着两乘肩舆，是皇帝在宫廷内部使用的交通工具。

中和殿基本上是为太和殿的活动做准备的场所。到太和殿举行各种大典前，皇帝先在中和殿小憩，并接受阁大臣和礼部官员行礼。此外，凡遇祀天地和太庙之前，事先要在中和殿审阅写有祭文的“祝版”。祭先农并行亲耕仪式前，还要在此查验种子和农具，然后到中南海演耕，再去先农坛。

图 37　中和殿宝座

图 38　中和殿天花

保和殿

【图39】【图40】【图41】【图42】【图43】【图44】【图45】

保和殿位于中和殿后，建成于明永乐十八年，初名谨身殿；嘉靖时遭火灾，重修后改称建极殿；清顺治二年改为保和殿。保和殿面阔九间，进深五间，建筑面积1240平方米，高29.50米。重檐歇山顶，上覆黄色琉璃瓦，上檐为单翘重昂七踩斗拱，下檐重昂五踩。内外檐均为金龙和玺彩画，天花为沥粉贴金正面龙【图43】。建筑上采用减柱造做法，将殿内前檐金柱减去六根，使空间宽敞。东西两梢间为暖阁。殿内金砖铺地，正中为雕龙朱漆方台，上设雕镂金漆宝座，座前的地毯上绘有一条巨大的蟠龙。宝座上方悬乾隆御书“皇建有极”匾额，意为由天子来制定建立中正天下的最高准则。宝座两侧金柱有乾隆御题对联：“祖训昭垂，我后嗣子孙，尚克钦承有永；天心降鉴，惟万方臣庶，当思容保无疆”【图42】。

保和殿后面丹陛中间有一块雕刻精美而壮丽的御路石，四周为缠枝莲花纹，下部为海水江崖，中间雕刻流云，九条游龙争戏宝珠，形态生动，这就是“云龙石雕”。它用一整块石料制作，是紫禁城中最大的一块石雕，长16.75米，宽3.07米，厚1.7米，重达250吨。云龙石雕的石料产自京西房山大石窝，动用民夫万人，用冬季沿途泼水成冰道拽运的办法拖运这块巨石。沿途每里凿井一口，以供汲水泼冰及民夫饮用。从房山到紫禁城一百多里路，用了将近一个月时间才到达。今所见到的图案为清乾隆二十五年（1760年）凿去旧有花纹而重新雕刻的【图44】、【图45】。

明清两代保和殿的用途不同。明代，太和殿举行大典前皇帝常在此更衣，册立皇后、太子时，皇帝在此殿接受拜贺。清代，每年除夕、上元节，皇帝再次赐宴外藩、王公及一二品大臣，赐宴额驸之父、有官职家属，都在保和殿举行。每年年末，宗人府、吏部在保和殿填写宗室满、蒙古、汉军以及各省汉职外藩世职黄册。自乾隆五十五年（1790年）开始，科举中级别最高的一级考试——殿试由太和殿移至保和殿举行。殿试前一天，众考官聚集在文华殿密议考题，然后送皇帝审阅。皇帝审阅后将考题送至午门内东侧的内阁大堂，在负责考试纪律的“监试御史”的监督下，连夜赶工，印出考题。御林军不分昼夜地巡逻，监视存放考题的内阁大堂。同时，保和殿也有一群忙碌的官员，鸿胪寺官员在殿内东侧安置黄案，另设一张黄案于殿外丹陛正中。光禄寺官员在殿内安放试桌，礼部和銮仪卫长官监督员役在每张试桌上粘贴贡士（殿试考生）姓名。

举行殿试当日黎明，内阁官员手捧试题置于殿内的黄案上。礼部、鸿胪寺官员引领贡士由午门的两侧旁门入宫。读卷官和执事官站立于保和殿丹陛下，内阁大学士将殿内黄案上的试题捧出，在殿檐下授给礼部堂官，堂官跪接试题，起身将试题放在丹陛正中的黄案上，向黄案行一跪三叩礼，退下。赞礼官站黄案旁，读卷官和执事官按赞礼官的指示，在丹陛下排班站立，向黄案行三跪九叩礼，随后贡士们向黄案行三跪九叩礼。礼毕，礼部官员发试题，贡士们跪下接题，三叩头后起身。然后，贡士们在鸿胪寺官员引领下，走到自己的试桌应试。按规定，在第二日黎明之前交卷，试卷弥封送到午门内朝房由读卷大臣审阅。读卷大臣在两天内阅完，从中选出十份佳卷，呈交皇帝亲阅，皇帝确定一甲进士前三名，即状元、榜眼、探花，殿试中及第的进士就是“天子门生”。

图 39　保和殿前面

图 40　保和殿后面（从乾清门望去）

图 41　保和殿侧面

图 42　保和殿宝座

图43　保和殿天花

图 44　保和殿中央之陛

图 45　保和殿后三成坛中下成坛的中央之陛

乾清门

【图46】【图47】【图48】【图49】

乾清门是紫禁城内廷的正门，门内是帝后以及嫔妃、皇子等居住生活的区域。建于明永乐十八年（1420年），清顺治十二年（1655年）重修。乾清门为单檐歇山顶屋宇式大门，单昂三踩斗拱，梁枋、天花施双龙和玺大点金彩画【图48】、【图49】。面阔五间，进深三间，高约16米，坐落在高1.5米的汉白玉须弥座上，周围环以雕石栏杆。门前三出三阶，中为御路石，两侧列镏金铜狮子一对。中三间开三门，门扉安设在后檐部位，门厅敞亮。两梢间为青砖槛墙方格窗的房间。乾清门内有一条汉白玉围栏的高台甬道，连接乾清宫月台。

乾清门正对保和殿后阶，门前是一个东西长约200米、南北宽仅30米的狭长广场，将前朝与后寝明显分开，又使两部分建筑在平面上连成一体，过渡自然。门两侧为八字形琉璃影壁，高8米，长9.7米，壁心及岔角装饰琉璃花，花形自然逼真，色彩绚美娇艳，在阳光的照射下流光溢彩，将乾清门映衬得华贵富丽【图47】。乾清门东侧有内左门，门内为东一长街，街东西两侧分别为斋宫和乾清宫的院墙；门外东侧有九卿值房。西侧有内右门，门内为西一长街，街东西两侧分别为乾清宫和养心殿的院墙；门外西侧有军机处值房。广场的东、西两端有景运门、隆宗门，分别通往故宫东西两路建筑群。

乾清门的两侧宫墙下，陈设着八口镏金大铜缸，称“太平缸”，金光闪闪，背衬朱红宫墙，显得富丽堂皇。缸内贮水，以备防火。缸自重四千斤，盛水也是四千多斤。缸皆镏金，亦称金缸，谐“金刚”音。按说这些缸应放在大殿前后，则救火时取水最为近便，但却都舍近求远，靠墙而置，其目的是为了取谐音“刚强”（缸、墙）。

乾清门是连接内廷与外朝往来的重要通道，在清代又兼为处理政务的场所。康熙时，将“御门听政”的场所由太和门移至乾清门。康熙皇帝勤于政事，曾有大学士奏请隔三四日御门听政一次即可。康熙不同意，“朕听政三十余年，已成常规，不日日御门理事，即觉不安”。一些国家大事都在乾清门听政时决定，如康熙二十四年（1685年）起，清军两次反击沙俄侵略的雅克萨之战的决策，都是康熙御门听政时做出的。此外斋戒、请宝、接宝等典礼仪式都在乾清门举行。

中国古代的朝廷之内钩心斗角，杀机四伏，乾清门也非清净之处。明神宗万历元年正月十九日（1573年2月20日），乾清门口发生了著名的王大臣闯宫案。这天清晨，年仅十岁的小皇帝走到乾清门时，侍卫们发现一个宦官模样的人慌慌张张地走过，随之将其拿获。在此之前，闲散人员出现在宫门口并被拘留的情况也一再发生。但此时正当新旧朝更替之时，权力斗争异常激烈。半年前，张居正和太监冯保刚刚成功地将前阁魁高拱逐出朝廷。而据高拱等人称，这个王大臣是来自总兵戚继光的麾下。戚继光当时正在张居正的提拔下飞黄腾达，果真如此，张、冯二人岂不要招来极大的麻烦？经过一番策划，冯保等人定下了反守为攻之计，决定以王大臣为工具，将高拱置于死地，于是将两把精致的短剑放在王大臣衣服内，要他招认是受高拱派遣，前来谋害皇帝，并应允如果王大臣口供得以成立，他可以无罪释放，并得到巨额报酬。首辅张居正则运动审讯此案的官员，要他们迅速结案，以便处死高拱。然而负责审讯的文官不愿参与阴谋，王大臣也认识到如果供认谋刺皇帝，下场绝对不是领赏，而是受死，于是在东厂主持的初步审讯中翻供，暴露了冯保的教唆和陷害。冯保陷入困境，乃以毒药放在酒内，令王大臣喝下，破坏了他的声带。两天之后公开审问，因犯人已不能言语，无法查出真相。34天后王大臣被斩首结案，其他人均未波及。该案情节过分离奇，审讯破绽百出。但千百年来，深宫禁苑之内，有多少葫芦案，又有多少冤魂嗟叹！

图 46　乾清门前之陛

图 47　乾清门前东侧影壁

图48　乾清门内梁

图 49　乾清门天花

图 50　乾清宫

图51　乾清宫

乾清宫

【图50】【图51】【图52】【图53】【图54】【图55】【图56】【图57】【图58】【图59】【图60】【图61】【图62】【图63】【图64】【图65】【图66】【图67】

乾清宫是紫禁城内廷正殿，内廷后三宫之一，其在内廷的地位相当于前三殿中的太和殿，建筑规模为内廷之首。始建于明永乐十八年（1420年），明清两代曾数次因焚毁而重建，现有建筑为清嘉庆三年（1798年）所建。乾清宫面阔九间，进深五间，高20米，重檐庑殿顶【图50】。室内外梁枋、斗拱、天花等构件施金龙和玺大点金彩画，金琐窗、朱漆门及槅扇的上部嵌三交六椀菱花格纹，下部浮雕云龙图案，接榫处安有镌刻龙纹的镏金铜叶【图60】、【图61】、【图62】、【图66】。

在乾清宫重檐庑殿顶的屋脊上，安放着不同形状的小兽状装饰性建筑构件，称为脊兽，脊兽按类别可分为走兽、垂兽、仙人及鸱吻。其中正脊上安放吻兽或望兽，垂脊上安放垂兽，戗脊上安放戗兽；屋脊顶端安放骑凤仙人，其后为垂兽或戗兽，再后为鸱吻。吻兽为正脊两端安放的面朝里张嘴吞脊状的龙首形瓦件，称亦称"龙吻"、"正吻"、"螭吻"，其作用是严密封固两坡瓦垄交汇处，提防雨水渗漏。关于龙吻有这样的传说：龙王年迈，欲禅让王位，两个儿子为继承王位争执不下。龙王于是吩咐，谁先吞下龙宫房脊，就传位给他。龙兄闻言，随即飞身张开巨口吞下屋脊。龙弟见大势已去，拔剑将其兄刺死屋脊之上。龙弟闯下大祸，飞身离去，刺在龙兄身上的剑也未拔去，故正吻也叫"吞脊兽"。一说其为海兽，喜登高眺望，喷水如雨，不畏火，装饰于此，取喷水镇火保平安之意。

走兽亦称蹲兽，位于垂脊或戗脊，故又称垂脊兽或戗脊兽。每一个兽都有自己的名字和作用，蹲兽形状之大小和数目之多少，代表着殿宇等级之高低。最多的是太和殿垂脊，共有10个，在宫殿建筑中是独一无二的，显示了该殿至高无上的地位。其他皇家建筑上一般最多使用9个蹲兽，如中和殿、保和殿、乾清宫等。殿宇级别降低，蹲兽数量随之减少，常见为9、7、5、3不等，均为阳数（即奇数）；如坤宁宫7个，东、西六宫为5个。小兽最前面领头者，在垂脊的顶端，就是骑凤仙人。相传战国时期齐湣王兵败，敌兵紧追不舍，逃到一条大河边，走头无路，突然一只大鸟飞来。湣王骑上大鸟，渡河而去，化险为夷。将骑凤仙人安排在首位，以示骑凤飞行，逢凶化吉。骑凤仙人的作用是固定垂脊下端的第一块瓦件，它不计入小兽数目之内。据《大清会典》记载，骑凤仙人后面小兽的排列顺序依次为：龙、凤、狮子、天马、海马、狻猊、押鱼、獬豸、斗牛、行什。龙、凤地位至高，排于前面。狮乃群兽之王，佛教中又有护法之用。天马、海马皆祥瑞之兽，天马行空，独往独来，傲视群雄，开疆拓土。海马亦称落龙子，智慧与威德通天入海，畅达四方。狻猊日行五百里，护佑平安。押鱼是海中异兽，能喷水作雨，灭火防灾。獬豸独角，有神羊之称，善于辨别是非曲直，古时法官戴獬豸冠，以示善断正邪；用于殿脊，象征公正无私，压邪除恶。斗牛即虬龙，为镇水兽，古时水患之地，多以牛镇之。行什排行第十，故名，是猴面带翅的压尾兽，仅太和殿屋脊有此构建。垂兽的递减从后面的“行什”开始。蹲兽之后为鸱吻，这些小兽依次排列在高高的檐角处，象征着消灾灭祸，逢凶化吉，还含有剪除邪恶、主持公道之意。建筑装饰了这些走兽，更显得雄伟壮观，富丽堂皇，充满艺术魅力【图52】、【图53】、【图54】。

乾清宫殿内铺墁金砖，正中是一座雕龙朱漆方台，方台东西南三面出阶，皆三级；南阶三道，阶前有四只香炉。台上设楠木金漆雕龙宝座，背后是雕龙屏风，屏风有五扇，镌刻着康熙皇帝从经书中选择出来的治国箴言，中间是“惟天聪明，惟圣时宪，惟臣钦若，惟民从义”，其右为“首出庶物，万国咸宁”，再右为“功崇惟志，业广惟勤”；中间屏扇之左刻“恺悌君子，四方为则”，再左为“知人则哲，安民则惠”。屏风后楹额悬“正大光明”匾。宝座两侧四根金柱有两对楹联，前一副为康熙皇帝御笔：“表正万邦，慎厥身，修思永；弘殿五典，无轻民，事惟艰。”后面一副是乾隆皇帝御笔：“克宽克仁，皇见其有极；惟精惟一，道积于厥躬。”【图63】、【图64】乾清宫内还有四面巨大的水晶大镜，高约5米，称“风水镜”，镜子在古时有辟邪之用途，“古镜如古剑，若有神明，故能辟邪魅忤恶，凡人家宜悬大镜，可辟邪魅。”【图67】

乾清宫东、西两翼分别有配殿昭仁殿、弘德殿。昭仁殿单檐歇山顶，上覆黄琉璃瓦。面阔三间，正中明间辟门，两次间槛窗。殿前接抱厦三间。明时，殿前有斜廊通乾清宫及东庑，清代改廊为砖墙，自成一院，有小门通内外。殿后接室3间，均为藏书之处。明崇祯十七年（1644年），李自成攻入北京，崇祯皇帝出禁城自缢前在昭仁殿砍杀其女昭仁公主。清朝，昭仁殿成为皇帝读书的地方。弘德殿初名雍肃殿，明万历十四年（1586年）改今名，建筑规制与昭仁殿相同。清嘉庆二年（1797年），乾清宫失火延烧弘德殿，次年重建。光绪十六年（1890年）、二十三年（1897年）重修。明代殿前有斜廊，清代改为砖墙，亦自成一院。弘德殿在明代为召见臣工之处，清代则为皇帝办理政务及读书之处。

乾清宫殿前丹陛上分别有东南角铜鹤、日晷各一；西南角铜龟、嘉量各一。南端陈设四尊铜镀金大香炉【图59】。丹陛下的东、西两侧有两座镏金铜亭，称做江山社稷金殿，口语称为金亭子。亭子四周配置有二十八宿石兽像，以象征江山社稷、国家政权均掌握在皇帝的手中。乾清宫月台正中出前陛，有台阶九级，阶上雕刻凤、鹿、麒麟等祥瑞【图57】。石阶中间的御路石雕与众不同，中间为八角形，内雕游龙、海浪，各角处雕较小的龙、凤、麒麟等；八角形外又雕四只翔凤【图56】。月台连着一条石砌的丹陛桥，高出地面两米，围以护栏，与乾清门相连。丹陛桥东西两侧各出台阶一道，以进入庭院中桥下的地面【图58】。丹陛桥下有一座石洞，俗称“老虎洞”，洞中砌石为壁，洞的尽头是御街，即后宫中的街道，以便侍从们往来方便。明末的木匠皇帝明熹宗成年后还贪于玩耍，喜欢在月夜和太监、宫女们玩捉迷藏。这位天启皇帝最喜欢藏匿的地方就是这座老虎洞。但太监们往往很容易找到他，这倒不是因为洞太小了，而是天启皇帝袖子里总是放着鲜花和香料，太监们很远就闻到了香气，以此断定皇帝藏匿的地方【图55】。

东、西、南三面有庑房环绕乾清宫，形成一个封闭、独立的庭院。院四周摆设大缸16口，以备灭火之用。东庑南端有日精门，东方为阳，西方为阴，故东门曰“日精”，与西庑月华门相对。日精门以北，从北往南排列依次是御茶房、端凝殿、自鸣钟处；日精门南侧为御药房、祭孔处。端凝殿名取“端冕凝旒”之义，是为皇帝存储冠、袍、带、履、朝珠等衣物的地方。西庑南端有月华门，门以北，从北往南排列依次是懋勤殿、批本处，月华门南侧为内奏事处。懋勤殿原是康熙的书房，后改为存放皇帝的碑帖和文具的地方。该图片未显示南庑，但在清代，南庑却有几个非常重要的机构。南庑正中为乾清门，乾清门内东侧庑房为上书房，是皇子皇孙上学的地方，建于雍正初。西侧庑房为南书房、内军机处、敬事房。南书房设于康熙十六年，是清代陪侍皇帝的翰林学士值班的地方。据载，少年康熙就是在这里擒拿了鳌拜。当时康熙皇帝召见鳌拜，赐茶。内侍用开水煮过的碗盛茶水，以盘端至鳌拜面前，鳌拜接茶时，因碗极热烫手，茶碗砰然坠地。内侍趁势一推原本做了手脚的椅子，鳌拜扑摔于地。康熙大呼："鳌拜大不敬。"一群健壮少年即涌出擒获鳌拜。敬事房即宫监办事处，是管理宫廷日常生活的处所，从照片中可以看到，敬事房外摆放着茶壶及茶碗。

明代的十四个皇帝和清代的顺治、康熙两个皇帝，都以乾清宫为寝宫，作为居住、生活和日常办公的场所。在外朝三大殿，历史总是以宏大壮观的场面来表现，人们个个都浓墨重彩、装腔作势；在内廷乾清宫等呈现的，更多的则是无奈、疯狂、荒淫无耻，甚至是腥风血雨；在这里表演的人，往往原形毕露，丑态百出。在明代，武宗朱厚照在此举办"夜总会"，世宗朱厚熜在此开设"实验室"，神宗朱翊钧把这里变成"屠宰场"，熹宗朱由校则把乾清宫打造成"木匠铺"。乾清宫是多事之宫，这里发生过"嘉靖宫变"、"挺击案"、"红丸案"、"移宫案"等事件。

这里的故事太多太多……既然是寝宫，那就讲一个与皇帝睡觉有关的故事。明世宗朱厚熜在位时，对宫女来说，乾清宫简直暗无天日。朱厚熜痴迷于炼丹，采阴补阳，欲长生不老。一群方士道人围在他身边，出馊主意，把乾清宫变成了实验室、制药厂。朱厚熜认为未经历人事的宫女的月经可保长不老，因此大量征召十三四岁宫女，并命方士利用她们的处女月信来制丹药。为保持宫女的洁净，宫女们不得进食，只能吃桑，饮露水，苦不堪言。嘉靖二十一年（1542年）十月二十一日深夜，经过几番折腾的朱厚熜沉沉地进入梦乡，十几个宫女决定趁朱厚熜熟睡时把他勒死。宫女杨玉香将细料仪仗花绳解下，总搓一条。姚淑皋蒙住朱厚熜的脸，紧紧地掐住他的脖子。邢翠莲按住他的前胸，王槐香按住他的上身，苏川药和关梅秀分把左右手，刘妙莲、陈菊花分别按着两腿，待杨金英拴上绳套，姚淑皋和关梅秀两人便用力去拉绳套。眼看她们就要得手，绳套却被杨金英拴成了死结，最终才没有将这位万岁爷送上绝路。宫女张金莲见势不好，连忙跑出去报告方皇后。前来解救的方皇后也被姚淑皋打了一拳。王秀兰叫陈菊花吹灭灯，后来又被总牌陈芙蓉点上了，徐秋花、郑金香又把灯扑灭。这时管事的被陈芙蓉叫来了，这些宫女才被捉住。朱厚熜虽没有被勒断气，但由于惊吓过度，一直昏迷着，好久才醒来。朱厚熜死里逃生，休养一段时间就缓过来了。宫女们却经历了一场大清洗，十多人被"凌迟"，几个妃子也被牵连而丢了性命，然而乾清宫由此也闹起鬼来。传说，死去的宫女、妃子们冤魂不散，每当夜深人静时，乾清宫庭院里黑气迷漫，隐隐有女人的哭泣声，弄得人心惶惶。为了防人防鬼，朱厚熜在乾清宫东西暖阁，设置了二十七张龙床。每晚他都开展"游击战"，临时决定睡哪一张床，有时一晚上换几个地儿。然而乾清宫还是怪事儿不断，朱厚熜如惊弓之鸟。"此处不留爷，自有留爷处。"朱厚熜卷起铺盖，搬到西苑去了，一住就是二十多年。

满洲人入关，住进了紫禁城里的乾清宫，为了一扫前朝的荒乱，励精图治的新朝主人顺治皇帝御笔"正大光明"巨匾，悬于乾清宫正殿。雍正做皇帝时，迁居养心殿，此后乾清宫不在作为皇帝的寝宫。睡觉的作用丧失了，政治功能却日益加强。比如，数千年来血雨腥风的皇子争帝位问题，在这里得到了解决。雍正皇帝开始采用秘密建储的办法，皇帝生前不立皇太子，而秘密写定皇位继承人的文书，一式二份，一份放在皇帝身边，一份封在"建储匣"，建储匣即存放乾清宫"正大光明"匾后。皇帝驾崩后，由辅政大臣等打开建储匣，与皇帝身藏的一份文书验证以后，宣布皇位的继承人。乾隆、嘉庆、道光、咸丰四位皇帝，都是按照这种制度登上金銮宝座的。

每年元旦、上元、端午、中秋、冬至等节日，乾清宫都要举行皇族宴会。康熙六十一年（1722年）和乾隆五十年（1785年），乾清宫还曾举行过两次盛大的千叟宴，凡是年龄在六十五岁以上的大臣、官吏、军士、民人、匠艺等即可参加皇帝举办的大宴会。清代的乾清官还是皇帝死后停放灵枢的地方，皇帝不论驾崩于何处，灵柩都须在乾清宫停灵、祭奠15日，以示"寿终正寝"。然后再转到景山下的观德殿，最后选定出殡的时间，葬入皇陵。

图 52　乾清宫前面一部分

图 53　乾清宫后面一部分

图 54　乾清宫顶盖一部分

图 55　乾清宫前白石甬路

图56　乾清宫前陛（一）

图 57　乾清宫前陛（二）

图 58　乾清宫前陛（三）

图 59　乾清宫前宝鼎

图 60　乾清宫端楹殿扉（一）

图 61　乾清宫端楹殿扉（二）

图 62　乾清宫前面厢殿

图63　乾清宫宝座

图 64　乾清宫宝座一部分

图 65　乾清宫内户上装饰

图 66　乾清宫内柜

图 67　乾清宫内镜

图68　交泰殿侧面

图69　交泰殿殿扉

交泰殿

【图68】【图69】【图70】【图71】【图72】【图73】【图74】

交泰殿为内廷后三宫之一，位于乾清宫和坤宁宫之间。建于明永乐十八年（1420年）后来屡次重修；清嘉庆二年（1797年）乾清宫失火，殃及此殿，次年重建。殿名取自《易经》的第十一卦“泰”，象曰：“天地交，泰。后以财成天地之道，辅相天地之宜，以左右民。”彖曰：“天地交而万物通也，上下交而其志同也。”泰卦上坤下乾，喻天地交和之义，殿名应合着前面的乾清宫和后面的坤宁宫。乾为天，乾清宫代表阳性；坤为地，坤宁宫代表阴性，而交泰殿则表示天地交通，阴阳协和。

交泰殿形制仿中和殿，而规模略小：十六根大柱整齐排列，平面呈方形，面阔、进深各三间，单檐四角攒尖，覆黄琉璃瓦，镏金铜宝顶，双昂五踩斗拱。梁枋、天花的装饰与其他殿不同，为龙凤大点金和玺彩画。【图70】四面明间开门，每面各四扇槅扇门，三交六椀菱花，裙板雕刻龙凤图案；南面次间为槛窗，其余三面次间均为墙【图69】。所见为交泰殿的西面，因其左（北）侧大殿房脊上吻兽为7个，少于乾清宫的9个，由此可知该殿为坤宁宫【图68】。

交泰殿明间正中设宝座，座后有一面板屏，上悬康熙帝御书“无为”匾，屏上书乾隆帝御制《交泰殿铭》，左右柱有乾隆御笔楹联：“恒久咸和，迓天休而滋至；关鸠麟趾，立王化之始基”。康熙题“无为”之意有二：一、意在告诫帝王顺行天道，扫除烦苛，与民休息，“无为而治”；二、交泰殿是前朝与后宫分界之处，警醒后宫嫔妃应“无为”，不要干涉朝政。《交泰殿铭》文曰：“乾清宫后，坤宁宫前，殿名交泰，象取地天。丕显祖宗，奉兹宫殿，居正临民，曰明曰旦。始惟宫壶，逮及臣邻，以御家邦，必本修身。匪衹循名，亦钦责实，健顺协中，所其无逸。财成辅相，小往大来，无为以治（殿楹额“无为”一匾为皇祖御笔），圣训昭垂。小人道消，君子道长，以左右民，尚慎无往。持盈保泰。勿恤其孚，于万斯年，凛怀永图。乾隆壬辰孟春月之吉御制并书。”铭文叙述了交泰殿位置、名称含义以及帝王的修身治国之道【图71】。

宝座顶部天花正中安置藻井，为四方变八方归圆的形式。方井向圆井过渡的部分，施用抹角枋，正、斜套方。在八角井外围形成许多三角形和菱形的角蝉，其中三角形角蝉内雕刻翔凤，菱形角蝉内雕刻游龙，角蝉周围施装饰性斗拱。藻井盖板雕塑蟠龙，龙头倒悬，口衔宝珠【图72】、【图73】。殿内地面铺墁金砖，东次间设铜壶滴漏，西次间设自鸣钟。滴漏亦称漏壶、漏刻【图74】，是中国古代的计时器。传说黄帝的一位臣子，观察岩洞水落滴石，节奏分明，由此发明了用水滴漏的计时方法。交泰殿的铜壶滴漏，制造于乾隆十年（1745年），置于重檐四角攒尖顶的小亭子中，亭建于须弥方台上，台前有阶梯。嘉庆三年（1798年），清宫造办处制造大自鸣钟，外壳与基座是中国式楼阁型木柜，通高5.8米，分上中下三层。钟楼背面有一小阶梯，登上阶梯，可以给自鸣钟上弦，上一次弦可以连续走一个月。滴漏和自鸣钟是皇宫中乃至全城时间的标准，是大清时期的“北京时间”，神武门和钟鼓楼报时都以此为准。自鸣钟造好以后，滴漏就废置不用了。这座自鸣钟历经二百多个年头，至今仍能正常准确地走动，打点报刻，清脆洪亮。

每年元旦、冬至、千秋（皇后生日）三大节，皇后在交泰殿举行典礼，接受皇贵妃、贵妃、妃、嫔、公主、福晋（亲王、郡王的妻子）等的朝贺。清代顺治皇帝鉴于明代宦官专权的教训，规定太监不得干预朝政，同时把御旨“内宫不许干预政事”铸成铁牌，竖于殿中。每当皇帝大婚，册封皇后，授皇后“册”、“宝”的仪式都在这里举行。交泰殿每年春季祀先蚕，皇后于前一日在此审阅采桑用具。

交太殿还是清朝贮存二十五宝玺的地方。清初御用宝玺有二十九种，乾隆十一年（1746年），根据《周易 · 大衍》“天数二十有五”，皇帝钦定御宝为二十五种。另有说法以为，古代东周历时最长，世数最多，共历二十五代，乾隆皇帝希望大清也能历二十五代，因此将国玺定为二十五个。每方玉玺的大小，自方六寸至二寸一分不一，各有专门的用途：“皇帝之宝”用于颁发诏书、录取进士时公布皇榜；“制法之宝”和“命德之宝”用于谕旨臣僚和奖励官吏；“制驭六师之宝”用于军事……除“皇帝之宝”为满文外，其余均为满汉文合璧。宝玺置于宝盒内，上面覆盖着黄绫。每年正月，由钦天监择吉日吉时，设案开封陈宝，皇帝来此拈香行礼。

交泰殿本是帝后和谐相处的地方，却也少不了冲突。明末崇祯的周皇后与宠妃田氏交恶，崇祯十二年（1639年）元旦，田贵妃到交泰殿向周皇后朝贺，皇后让她在门外的风雪中等了很久，而比她晚到的袁贵妃一来就让进去了。田贵妃羞恨难平，向崇祯帝哭诉，崇祯到交泰殿训斥周皇后，皇后辩理，崇祯动气推了皇后一掌，然后走出了交泰殿。周皇后扑倒在地，极为愤懑，从此拒绝饮食，甚至企图自杀。崇祯与皇后平素和睦，回到乾清宫后，对自己的冲动无礼很是后悔，于是就拿出一件貂皮褥子，派宦官送给周皇后，并传话问候。周皇后的怨愤缓和，帝后和好如初。

图70　交泰殿天花

图 71　交泰殿宝座

图 72　交泰殿宝座上方藻井（一）

图 73　交泰殿宝座上方藻井（二）

图 74　交泰殿内漏刻

坤宁宫

【图75】【图76】

坤宁宫位于交泰殿北面，是内廷后三宫之一。始建于明永乐十八年（1420年），正德九年（1514年）、万历二十四年（1596年）两次毁于火灾，万历三十三年（1605年）重建。清顺治二年（1645年）按明代规制重修，十二年（1655年）仿盛京清宁宫再次重修，形成今天所见的样子。嘉庆二年（1797年）乾清宫失火，延烧坤宁宫前檐，三年（1798年）重修。

坤宁宫面阔连廊九间，进深三间，黄琉璃瓦重檐庑殿顶，梁枋、天花施龙凤大点金和玺彩画。明代时坤宁宫为皇后的寝宫，明末，李自成农民起义军攻入北京，崇祯皇帝命皇后自裁，皇后在乾清宫领旨后，在自己的寝宫中悬梁自缢，死在了崇祯皇帝之前。顺治十二年仿盛京清宁宫，按满族风俗改建坤宁宫。满族极其敬重神明，皇室每年都要举行大大小小的祭祀，祭神也是皇帝皇后的重要职责之一。有一些祭祀要由皇后主持，地点就在坤宁宫中。根据满族传统风俗，住房为西、中、东三间，西间称西上屋，中间称堂屋，东间称东下屋。西上屋设南、西、北三面炕，西炕为贵，北炕为大，南炕为小。故西炕一般不住人，供朝祭神位，北炕供夕祭神位。坤宁宫改造后，除东西两端的两间通道外，将正门开在偏东的东数第三间，原槅扇门改为双扇板门，其余各间的菱花槅扇窗均改为直棂吊搭式窗。门的西侧四间设南、北、西三面炕，与门相对的东北角后檐设大锅三口，做杀牲煮肉之用。锅灶间设棂花扇门，浑金毗卢罩，装饰考究华丽。

雍正时，皇后由坤宁宫迁居体顺堂，坤宁宫成为满族萨满教祭神的主要场所。祭祀名目繁多，每天早晚都有萨满的祭神活动。正月初二和仲春、秋朔、四月初八日浴佛、腊月廿三祭灶等大祭，以及每月初一、十五，皇帝、皇后都来亲自祭神。每日朝祭释迦牟尼佛、观世音菩萨、关圣帝君，夕祭穆哩罕神、画像神、蒙古神等。平常的日祭由皇后行礼，为了方便，设一女官代之，食三品禄，称“萨满太太”。日祭每天用猪两口，每年杀猪约一千三百多口。祭神的白肉就在三口专用的神灶里烹煮。大祭时要跳大神，并祭神肉，皇帝皇后亲自参加，王公、贝勒、辅臣、六部正卿也可以分享祭肉。因为祭神的白肉不加任何佐料，甚至连盐也没有，平淡无味。那些锦衣玉食的王公大臣难以下咽，往往在袖口藏一点盐，偷偷加在肉里。或者贿赂太监宫女，让他们临时悄悄递上盐料；当然要付出相当大的代价，比如一两盐可以交换白银数两。太监们挣钱的手段不止于此，乾隆五十二年，曾严查宫中胆大妄为的太监将祭肉偷出宫外售卖的事情。

坤宁宫室内东侧两间隔出暖阁作为寝室，是皇帝大婚时的洞房。房内墙壁饰以朱漆，顶棚高悬双喜宫灯。洞房西北角设龙凤喜床，床铺上的帐子和被子，都是江南精工织绣，上绣神态各异的一百个玩童，称做“百子帐”和“百子被”。按清制，皇帝只有在大婚后才能在喜床上住两夜，之后要移居其他宫殿。如果结婚后再当皇帝的，就不能在坤宁宫的洞房居住了，所以整个清代只有年幼登基的康熙、同治、光绪三个皇帝用过这个洞房。1923年，前清逊帝溥仪也曾在坤宁宫结婚。皇帝大婚耗资巨大，同治十一年（1872年），同治皇帝大婚，共耗费白银一千一百万两；光绪十五年（1889年），皇帝大婚，国家当时极为贫困，仍然耗银五百五十万两。

图 75　坤宁宫前面

图 76　坤宁宫殿扉

图 77　遵义门

遵义门

【图 77】【图 78】

自乾清宫院落的西庑出月华门，为南北向的西一长街，街西面即为养心殿院墙。墙中辟一座琉璃随墙门——遵义门，与月华门正相对。遵义门是养心殿的正门，“遵义”二字语出《尚书》“无偏无陂，遵王之义”，又体现了五行“东仁西义、南礼北智”的方位。入遵义门，迎面为黄色琉璃照壁，坐落于须弥基座上，上覆琉璃瓦顶，壁心及岔角装饰琉璃花，色彩绚美，富贵华丽。

图 78　遵义门内影壁

图79　养心殿前庇

养心殿

【图79】【图80】【图81】【图82】【图83】

养心殿位于内廷乾清宫西侧，建成于明嘉靖十六年（1537）六月。“养心”二字，语出《孟子·尽心上》“存其心，养其性，所以事天也”；又出自《孟子·尽心下》“养心莫善于寡欢”，意在清心寡欲，涵养天性。明代养心殿曾是沉迷仙道之术的嘉靖皇帝朱厚熜修道养身的地方，正殿之西南原有坐南面北的无梁殿和祥宁宫，是他的炼丹之处。清初，顺治皇帝病逝于养心殿。康熙年间，这里曾作为宫中造办处的作坊，专门制作宫廷御用物品。康熙死后，雍正皇帝为了表示守孝，没有入住乾清宫，而搬进养心殿居住。从此养心殿取代了乾清宫，作为皇帝的寝宫。直至宣统朝，共有八个皇帝居住养心殿，其中乾隆和同治两个皇帝死于此。自雍正到清末的近二百年间，皇帝多在这里进行日常活动。

养心殿建筑群由三个院落组成。遵义门内为第一进东西横长的院落，院内西侧、东南、东北墙根下为连檐通脊的廊房，共三十四间，建于乾隆十五年，为太监的值房。在这座院落的南面，还有一座院落，面北坐南两排大房子，为内御膳房。御膳房东南紧接军机处值房。遵义门内院落的北墙开养心门，坐北朝南，歇山顶黄琉璃瓦门楼，进门为牌楼式木照壁。里面是即养心殿内院，南北长63米余，东西宽近80米，面积5000平方米；又分为前院（前殿）和后院（后寝殿）。后院北侧为西六宫。

养心殿为工字形殿，前殿通面阔七间，36米，通进深三间，12米；黄琉璃瓦单檐歇山顶，正间和西次间、西稍间前出卷棚悬山顶抱厦【图79】。正中三间为一敞间，北墙正中设有宝座、御案，两侧为书橱，藏历代皇帝治国经验教训的书籍等。东西安装木板墙壁，与东西暖阁相隔，墙南端各有一门通往暖阁。宝座后的屏风上方悬雍正御笔“中正仁和”匾额，“中正”语出《周易·履卦》“刚中正，履帝位而不疚，光明也”。履卦九五为阳爻，象征君，又居上卦之中位，故曰“中正”，以示国君持正执中。“仁”、“和”是儒家学说的理念，是为政和处世的基本准则。屏风两侧有一副乾隆皇帝御笔对联：“保泰常钦若，调元益懋哉。”【图80】

养心殿建筑的级别低于乾清宫、坤宁宫，其房脊上吻兽仅5只，但梁枋、天花等构件仍施金龙和玺大点金彩画。大殿天花板正中也安置藻井，为四方变八方归圆的形式，过渡部分的三角形角蝉内雕刻翔凤，菱形角蝉内雕刻游龙；藻井盖板雕塑蟠龙，龙头倒悬，口衔宝珠。自从雍正皇帝迁居养心殿后，皇帝的休息和办公场所在此合二为一，它在紫禁城里的地位就越来越重要。一些官员在提拔、调动之前常被领到这里觐见皇帝，而养心殿距军机处不足百米的距离，帝国日常政务和军机大事都在此殿处理。雍正皇帝为了保平安、图吉祥，在雍正九年八月十二日，命人把三份符板分别安放在养心殿、太和殿和乾清宫藻井的正上方。这三块符板上除了传统八卦图外还增加了藏传佛教的咒语，这无疑表明养心殿同太和殿、乾清宫一样，成为紫禁城中最重要的地方【图81】。养心殿的配套装修也很快完善起来。在紫禁城中，采光好坏是衡量宫殿地位的重要标志之一。养心殿成为紫禁城中第一个装上玻璃的宫殿，雍正元年十月，皇帝谕旨，养心殿后寝宫、穿堂北边东西窗安玻璃二块。当时的中国还没有掌握生产玻璃的技术，全靠从海外进口。

东次间和梢间为东暖阁，内部又用槅扇分割分为南北向的前后两室。南室靠窗为一通炕，东壁西向有前后两重宝座，这就是慈禧和慈安两太后垂帘听政的地方。小皇帝坐于前座，西太后坐于后座，两座之间用一道黄色纱帘隔开，所有决策由纱帘后的西太后做出【图82】。北室又虚分东西两室，东间小室无窗，靠北墙为床，为皇帝斋戒时的寝宫【图83】。1912年2月12日，隆裕皇太后（原光绪帝的皇后），在养心殿召开最后一次内阁会议，代替小皇帝决定并签署了退位诏书，从此结束了中国长达两千多年的封建专制。根据民国政府对清室的优待条件，末代皇帝溥仪仍在这里居住了13年，直至1924年被冯玉祥逐出紫禁城。

西次间和梢间为西暖阁，也分为南北向的前后两室。前室又隔为两间，西间为“三希堂”，内藏乾隆皇帝所得的三件稀世书法珍品，即晋代王珣的“泊远帖”、王羲之的“快雪时晴帖”和王献之的“中秋帖”，“三希堂”额为乾隆御笔。东小间南为窗，北设宝座，为皇帝召见大臣之处。为了保密，防备有人偷听和偷看，南窗外抱厦设木围墙。后室也隔为两小间，西间曰“长春书屋”，东间为“无倦斋”，乾隆年间设佛堂于此。

图 80　养心殿宝座

图81　养心殿宝座上方藻井

图 82　养心殿里面

图83　养心殿内卧房

图 84　体元殿抱厦

体元殿

【图 84】

本来是启祥宫的后殿。启祥宫即太极殿，内廷西六宫之一，建于明永乐十八年（1420 年），原名未央宫。明嘉靖十四年（1535 年），以嘉靖皇帝之父兴献王朱佑杬生于此宫，更名曰启祥宫；清代晚期改称太极殿。万历二十四年（1596 年）乾清、坤宁两宫遇火灾，神宗朱翊钧曾在启祥宫居住；清同治、光绪时，慈禧太后曾居太极殿及长春宫；逊帝溥仪出宫前，同治帝的瑜妃（时遵为太妃）亦曾居太极殿。

太极殿原为两进院，咸丰九年（1859）改建，拆除长春门，并将太极殿后殿改为穿堂殿，咸丰御题“体元殿”匾额。太极殿、体元殿遂与长春宫连为四进院落。体元殿面阔五间，黄琉璃瓦单檐硬山顶，明间前后开门为穿堂，次间、梢间为槛墙、支窗。室内各间安花罩虚隔，唯西梢间自成一室，有门与次间相通。正殿东西各有耳房三间，中一间辟为通道，与长春宫及其东西配殿以转角游廊相连，形成回廊。另有东配殿怡性轩，西配殿乐道堂。后檐接出抱厦三间，黄琉璃瓦卷棚顶，北向，与长春宫相对，为宫中小戏台，亦称长春宫戏台，宽敞典雅，西太后经常在此看戏。清光绪十年（1884 年），慈禧五十寿辰时，太后同妃、嫔、诰命夫人等，每天在这里看戏，演戏连续达半月之久。

翊坤宫

【图85】

翊坤宫是内廷西六宫之一。古代民间有“三宫六院七十二妃”的通俗说法，其实古代皇帝的后宫并没有什么严格的依据。紫禁城的“三宫”由二宫一殿组成，即皇帝居住的乾清宫、皇后居住的坤宁宫，以及其间的交泰殿。“六院”实际只有东西六宫，即斋宫、景仁宫、承乾宫、钟粹宫、景阳宫和永和宫组成的“东六宫”，储秀宫、翊坤宫、永寿宫、长春宫、咸福宫和重华宫组成的“西六宫”。“七十二妃”，没有哪个朝代有此定数。在古代，三、六、九是表示数量的虚数，七十二则是三、六、九的高等倍数，其意思是皇帝后宫充盈。据《礼记》，周朝的制度是“天子后六宫，三夫人，九嫔，二十七世妇，八十一御妻”，远远多于七十二妃，而后世皇帝的妃子又远多于周代。“后宫佳丽三千人”，而往往“三千宠爱在一身”，有多少青年女子被关进宫内，成为“宫中怨女”，终生不得自由。

翊坤宫建筑群在紫禁城西路，其东侧隔西一长街为坤宁宫、乾清宫，西侧隔西二长街为长春宫、太极殿，南面为永寿宫。翊坤宫建于明永乐十五年（1417年），始称万安宫，嘉靖十四年（1535年）改现名，一向为西宫嫔妃所居。翊坤宫正殿面阔五间，黄琉璃瓦单檐歇山顶，前后出廊。檐下施斗拱，梁枋施苏式彩画。明间正中设地平宝座、屏风、香几、宫扇，上悬慈禧御笔“有容德大”匾。门为木雕万字锦底、五蝠捧寿裙板槅扇门，窗为步步锦支摘窗，饰万字团寿纹。正间东侧用花梨木透雕喜鹊登梅落地罩，西侧用花梨木透雕藤萝松缠枝落地罩，将正间与东、西次间隔开，东西次间与梢间用槅扇相隔。该照片为摄影者于西次间所摄，西次间落地罩上楣裙板有文字及绘画。右二板上文字描绘的是华山风景，“晨临岩端，下望云气如飘棉飞絮，平铺万里。循冈北行，观仙掌岩，壁黑色石膏，自岩罅中溢出，黄白相间。远望之，见其大者五岐如指，人谓巨灵擘山，掌迹犹存。越阪而西，有小庵结茅林中，乃钟离云房也。”这段文字摘自明代陈以忠《华山游记》，略有删改。

翊坤宫东西有配殿曰延洪殿、元和殿各三间，均为黄琉璃瓦硬山顶。清晚期将翊坤宫后殿改成穿堂殿，曰“体和殿”，体和殿面阔五间，黄琉璃瓦单檐硬山顶，前后开门为穿堂，后檐出廊。又将翊坤宫东西耳房各改一间为通道，使翊坤宫与储秀宫相连，形成四进院的格局。储秀宫在翊坤宫北面，为西六宫之一。咸丰二年（1852年）慈禧刚进宫，封为兰贵人，曾居储秀宫。咸丰六年三月慈禧在储秀宫生下载淳（即同治皇帝），晋封为懿嫔。每逢重大节日，慈禧都要在翊坤宫里接受妃嫔们的朝拜。光绪十年（1884年）已居长春宫的慈禧太后，为庆祝五十大寿，复移居储秀宫，并耗费白银六十三万两重修该宫，但仍在翊坤宫接受大臣和嫔妃们的朝贺。

光绪帝选妃在翊坤宫后的体和殿举行。光绪十四年十月初五(1888年11月8日)，18岁的光绪在体和殿开始选秀女。经过海选，入围秀女共有31人，又经慈禧两次亲阅，最终进入决赛的仅有5名秀女，即慈禧的弟弟桂祥之女叶赫那拉氏、江西巡抚德馨的两个女儿、侍郎长叙的两个女儿。是日太后上座，光绪侍立，恭亲王女儿荣寿固伦及福晋命妇立于座后，前设小长桌一，上置镶玉如意一柄，红绣花荷包二对，为定选证物；选中皇后授予如意，选中妃子则授予荷包。慈禧故作姿态坚持令光绪自选，光绪持玉如意到德馨二女前，方欲授之，慈禧大声叫道：“皇帝！”并努嘴暗示站在列者的桂祥之女。然而叶赫那拉氏相貌平庸，含胸驼背，且已21岁，比光绪帝还年长3岁，皇帝自然不想要这样的人做皇后。光绪无可奈何把如意授予了桂祥之女。慈禧想到德馨的女儿们一旦被选为妃嫔，会有夺宠之忧。便不容光绪再选，匆匆命荣寿固伦公主把两对荷包交给了长叙的两个女儿，选后闹剧草草收场。桂祥之女就是隆裕皇后，长叙的两个女儿就是瑾妃、珍妃。一段晚清最著名的悲剧就此开始……

图 85　翊坤宫里面

中正殿

【图86】、【图87】、【图88】

中正殿位于宝华殿之北，西花园之南，东为建福宫；殿内主供无量寿佛。清代常把以中正殿为中心的一组佛堂建筑总称为“中正殿”，计有中正殿、中正殿后殿、东西配殿、香云亭、宝华殿、雨花阁、雨花阁东西配楼、梵宗楼十处。中正殿原名元极宝殿，明隆庆元年（1567年），更名为隆德殿，撤嘉靖时三清、玄武神像，改供佛像。万历四十四年（1616年）发生火灾，天启七年（1627年）重修，崇祯六年（1633年）更名为中正殿。清康熙三十六年（1697年），降旨中正殿供奉佛像，着喇嘛念经，交与扎萨克达喇嘛管理。扎萨克达喇嘛是西藏驻京的最高喇嘛，掌管在京藏传佛教事务。雍正元年（1723年）成立“中正殿念经处”，其职能是办造佛像和管理宫中念经事务，中正殿自此成为宫廷内藏传佛教的活动中心。

中正殿正殿面阔三间，进深一间，正中明间南部加一间抱厦，单檐庑殿顶，东西长度与宝华殿相同。中正殿南边紧挨香云亭、宝华殿，三座建筑用通廊联接，形成“王”字形平面。中正殿正殿有五彩堆金大龛一座，三面挂画像白救度佛母六十八轴，龛中供及左右贴金木塔三座，中内供铜胎无量寿佛一尊，左边内供铜胎虚空藏菩萨一尊，右边内供铜胎地藏菩萨一尊。塔前设塔朵上供铜胎释迦佛一尊，怀抱泥印释迦佛一尊。白檀香小龛玻璃门随座内供文殊菩萨、释迦佛、无量寿佛、观音菩萨、白救度佛母、宗喀巴、班禅喇嘛、绿救度佛母各一尊，共一龛。世祖皇帝御笔字一包（紫檀匣盛）。据说乾隆皇帝在中正殿接受了章嘉国师的灌顶，藏传佛教密宗修行注重师徒传承，灌顶是进入密宗修行的第一道门【图86】。中正殿前的香云亭，又称金塔殿，亭中有座雍正时铸造的金塔。塔高三层，下层为重檐四角亭，中层重檐八角，上层三檐圆攒尖，顶部为藏式宝塔。金塔坐落于四方须弥座上，通高一丈六尺，用金一万一千一百一十九两九钱。另有一座瓷器佛塔，塔型与西黄寺的清净化城塔基本一样，为印度佛陀伽耶塔样式，即大塔周围建八座小塔，九塔共建在同一塔基之上，中央主塔的结构为藏式金刚宝座佛塔【图87】、【图88】。然而，这些法器、画像和金塔乃至中正殿建筑群都毁于后来的一场火灾。

清亡后，末代皇帝溥仪继续居住内廷。当时宫中财务捉襟见肘,拖欠饷银是家常便饭。宫中太监、宫女虽未被正式遣散,但早已经开始自谋生路。他们经常监守自盗，偷卖皇家器物出宫卖掉。溥仪风闻此事,派人清点库房,珍藏宝物最多的建福宫是清查的重点所在。1923年6月26日晚9点多钟，建福宫却突然起火，红光满天，火焰高至十余丈。京畿卫戍总司令王怀庆等带领军警入宫,同时几乎带了北京全城的消防人员和消防器材。但宫中既无自来水，又缺水井，英雄无用武之地，大火到处蔓延。后将所有的水龙都接到一起，吸取禁城外御河之水扑救，然犹如杯水车薪，无济于事。大火一直烧到28日凌晨2时许，意大利公使馆闻知宫内起火，派了30多名兵士赶来帮同救火。这些兵士消防技术比较熟练，他们指挥大家拆除房屋，隔断火道，到上午7点多时，才逐渐扑灭这场大火。大火燃烧了7个小时，计焚去建和宫、鸾仪亭、德日新轩、延春阁、广盛楼、静宜轩、中正殿后殿佛楼、中正殿、香云阁、宝华殿后檐等处殿堂共一百三十二间，建福宫附近一带大片地方烧成焦土。共焚毁金佛2665尊，字画1157件，古玩435件，古书几万册。此后，中正殿残余之梵经夹板均藏于雨华阁阁西梵宗楼两层，供文殊菩萨，阁南侧东、西配楼均供佛。这次起火原因，多数人都认为是宫监惧罪纵火，毁灭盗窃罪迹。也有说法认为是嫔妃们在德日新轩放电影，电线走火，将屋顶引燃，延及各宫殿。

事后，烧熔的金佛、金塔有的成了碎块，有的化成金水，很多结成了半土半金板块。内务府找来北京各个金店投标，一个早已经打通关节的大金店以50万元的价格买下了灰烬处理权，从中拣出金块金片17万余两。如今中正殿、香云亭仅存遗址，断石残柱横七竖八地散落地上。

图86　中正殿里面

图 87　佛堂内塔

图88　佛堂内塔（瓷器）

雨华阁

【图 89】

雨华阁，又称雨花阁，在紫禁城西路，是中正殿佛堂区最南端的建筑，也是宫中最大的一处佛堂。雨华阁位于西三所之北的春华门内，北边为宝华殿、中正殿，东为延庆殿，西为寿安宫。明代该区域有元极宝殿，是嘉靖皇帝供奉道教神像之所。清代满洲贵族信奉喇嘛教，在北京增建喇嘛教建筑，皇宫里有雨华阁，内城有雍和宫，城外有东、西黄寺。乾隆十四年（1749 年），皇帝采纳蒙古三世章嘉国师胡土克图的建议，仿西藏阿里古格的托林寺坛城殿，在明代原有建筑的基础上改建成雨华阁，成为一座藏传佛教的密宗佛堂。清廷以宗教信仰联络边疆的蒙藏各部，加强民族融合，巩固国家的统一，雨华阁功不可没。

雨华阁主体的平面呈正方形，乾隆三十二年（1767 年），在阁南面添建前檐抱厦三间，遂成长方形状，南北长而东西狭。抱厦为卷棚歇山顶，南面明间开门，次间开双交四椀菱花槅扇槛窗四扇。雨华阁外观为三层，每层屋面琉璃瓦颜色各不同；一二层之间靠北部设暗层，成“明三暗四”的格局。底层面阔、进深各三间，四周出廊，南接抱厦；屋面覆绿琉璃瓦，屋脊和屋面为黄琉璃剪边；檐下无斗拱，饰白玛曲孜、兽面梁头，屋内天花饰六字真言及法器图案。二层面阔、进深各三间，东、西、南三面出平座；南、北面明间开门，次间安槛窗；黄琉璃瓦蓝剪边，卷棚歇山顶，檐下柱头饰以蟠龙。顶层面阔、进深各一间，四面出平座；正面开槅扇门四扇，两侧为槅扇窗；四角攒尖顶，檐下环以琉璃挂檐板，屋面覆镏金铜瓦；四条脊上各立一条镏金行龙，宝顶处安镏金藏式塔。四条龙和顶上宝塔共用铜近一千斤，乾隆四十四年（1779 年）曾重新铸造。雨华阁南侧东西各有一座配楼，南面为春华门。

雨华阁严格按照藏传佛教格鲁派密教的事、行、瑜伽、无上瑜伽四部设计，此殿及殿内陈设是密教系统观念和神系结构的直观表现。整座阁楼可分为四层，每层分别有不同的名称。第一层为“智行层”，悬乾隆御题“智珠心印”匾额，此层供奉智行品佛，正龛中九尊铜佛，供奉无量寿佛等事部主尊。佛龛之后有乾隆十九年制三座高 4 米的紫檀木罩圆柱形珐琅坛城，分别供奉格鲁派无上瑜伽部的密集金刚、上乐金刚、大威德金刚三大本尊。底层后厅隔出一个仙楼，其栏杆正面有泥金书大字“西方极乐世界阿弥陀佛安养道场”，意在为皇室祈寿。仙楼实际上形成第二层“德行层”，供奉行德品佛，龛中铜佛像九尊，以宏光显耀菩提佛为中心，佛母和金刚各四尊，分列左右。第三层称“瑜珈层”，也叫“普明圆觉层”，正龛中供奉五尊铜佛，为金刚界毗卢佛、成就佛、最上功德佛、普慧毗卢佛、度生佛。第四层称“无上层”，也供奉着三大本尊，密集金刚居中，上乐金刚、大威德金刚分列左右。每年四月初八浴佛日，5 名宫中喇嘛在雨华阁无上层诵大布畏坛城经。二月及八月初八日，10 名喇嘛在瑜珈层诵毗卢佛坛城经。三月及六月初八、九月及十二月十五日，15 名喇嘛在智行层诵释伽佛坛城经。每月初六日，在德行层安放乌卜藏经。阁内还设有坛城（或称道场，即大曼荼罗）三座，为密宗祭供诸佛及诸德的法门，并供西天梵像，有脑骨灯、人骨笛等喇嘛教法物。

这幅照片从雨华阁北面拍摄。雨华阁北为昭福门，门两侧连墙，隔开雨华阁和宝华殿。

图 89　雨华阁后面

图 90　宝华殿前的香炉

宝华殿前的香炉

【图 90】

宝华殿位于昭福门内，在中正殿佛堂区中主供释迦牟尼佛。殿坐北朝南，面阔三间，进深一间，黄琉璃瓦歇山顶；殿内明间悬咸丰皇帝御笔“敬佛”匾额。殿前院落中央石道上有大香炉一座，这尊三足宝鼎青铜香炉坐落在圆形汉白玉石须弥座上，落款“大清乾隆乙巳年造”，即铸造于乾隆五十年（1785 年）。宝华殿前东西各竖汉白玉石基座幡杆一根，这里是宫中举行大型佛事活动的重要场所。

慈宁宫

【图91】

慈宁宫建筑群位于紫禁城内廷外西路隆宗门西侧，始建于明嘉靖十五年（1536年），在仁寿宫的故址上并撤除大善殿改建而成，万历年间因灾重建。清代屡次修葺，将其作为皇太后居住的正宫。乾隆皇帝极力提倡孝道，乾隆三十四年（1769年）兴工将慈宁宫正殿由单檐改为重檐，重檐歇山顶等级仅次于太和殿的重檐庑殿顶，上覆黄琉璃瓦，并将后寝殿（即大佛堂）后移。正殿慈宁宫居中，前后出廊，面阔七间，当中五间各开四扇双交四椀菱花槅扇门。因慈宁宫为太后寝宫，其垂脊上有吻兽九个，多于皇后寝宫坤宁宫的七个，可见其等级之高。该照片是从慈宁宫东面院墙外所摄，其右侧为后寝殿。慈宁宫前原有慈宁门，乾隆年间改建时被拆除。宫前形成一东西向狭长的广场，两端分别是永康左门、永康右门，南侧为长信门。东出永康左门可至隆宗门、乾清门广场，出长信门可通往慈宁宫花园。

按照封建礼仪，皇帝不能与前朝妃嫔同居东西六宫。慈宁宫专供过世皇帝的遗孀们居住，是宫中的寡妇世界。日常开销中，皇太后都享有后宫中最高的待遇，每年可得黄金二十两、白银两千两、兽皮124条、银纽扣400个等。而一些地位低下的太妃，先朝皇帝在世时尚且遭受冷落，在慈宁宫就更无地位了。通常她们只能得到一点微薄的例银，有的甚至不得不私下里做些针线活，让太监偷偷地拿到市面上去卖点领用钱。孝庄皇太后成为慈宁宫的清代第一位主人，她儿子顺治皇帝早逝，时年8岁的孙子玄烨即位，孝庄又成了太皇太后，她是中国历史上唯一的一位两任皇太后。

慈宁宫是为太后举行重大典礼的殿堂，凡遇皇太后圣寿节、上徽号、进册宝、公主下嫁，均在此处举行庆贺仪式。特别是太后寿辰时，皇帝亲自率众行礼，并与近支皇戚一同彩衣起舞，礼节十分隆重。若皇太后薨，梓宫奉安于慈宁宫中，皇帝至此行祭奠礼。道光之后，清王朝走向没落，国库空虚，宫中开支缩减，慈宁宫逐渐失却往日的辉煌。

图 91　慈宁宫房檐犄角

图 92　武英门后檐

武英门

【图 92】

武英门是武英殿的正门，为屋宇式大门，面阔五间，单檐歇山黄琉璃瓦顶，坐落在汉白玉栏杆围护的台基上。门前内金水河环绕成一弓形，上跨三道石桥，犹如三支利箭。武英门的梁枋、天花板等构件皆施以金龙和玺彩画。出武英门向东，入熙和门，可至太和门广场；向西过西华门即出紫禁城。

武英门内为武英殿，明初帝王斋居、召见大臣皆于武英殿，后移至文华殿。崇祯年间，皇后千秋节时也在此接受命妇朝贺。明末，李自成攻入北京，成立大顺政权。1644年四月二十九日李自成在武英殿草草举行即位仪式，翌日便仓皇撤离北京。随后，清摄政王多尔衮先行抵京，以武英殿作为理事之所。康熙年间，首开武英殿书局。康熙四十年（1701 年）以后，武英殿大量刊刻书籍，世称“殿本”，在这里修书、编书、校书的最多时有上千人。由于这里是皇室文化事业的核心区域，因此也成为中国消防队的诞生地。光绪十五年（1889 年）十一月一日，清政府于武英殿设立激桶处，以苏拉200名为激桶兵，作为宫廷的消防队。

文渊阁（前面）

【图 93】

文渊阁位于紫禁城东路南端，其南面为文华殿，东为清史西馆，西为体仁阁。明代时，该处本为圣济殿，内阁就设在这里。清乾隆四十一年（1776年），在圣济殿旧址上建成文渊阁，作为皇家收藏《四库全书》的图书馆。乾隆三十八年（1773年），下诏开设“四库全书馆”，编纂《四库全书》。次年于文华殿后规度适宜方位，仿浙江宁波范氏天一阁规制创建藏书楼。天一阁之名取自《易经》“天一生水，地六成之”，意在借水灭火。

文渊阁外观为上下两层，腰檐之处设暗层，面阔六间，西尽间设楼梯连通上下。两山墙青砖砌筑直至屋顶，简洁素雅。屋顶覆黑色琉璃瓦，绿色琉璃瓦剪边。中国古代将五行与五色相配，其中水为黑色，水能克火，以保楼内藏书的安全。阁前廊设回纹栏杆，檐下倒挂楣子，檐柱为绿色，构件施清新悦目的苏式彩画。阁前凿一方池，引内金水河水流入，池上架一汉白玉石桥，石桥和池子四周栏板雕刻水生动物图案，亦为镇火之意。

文渊阁建成后，皇帝每年在此举行经筵活动。乾隆四十六年（1781年）十二月，《四库全书》终于抄写完毕并装潢进呈。次年，皇帝在文渊阁设宴赏赐编纂《四库全书》的各级官员和学者，盛况空前。《四库全书》连同康熙时期编纂的《钦定古今图书集成》入藏文渊阁，按经史子集四部分架放置。清宫规定，大臣官员之中如有嗜好古书、勤于学习者，经允许可以到阁中阅览书籍，但不得损害书籍，更不许携带书籍出阁。《四库全书》编成后，最初用了六年的时间抄录正本四部，除藏文渊阁的一部外，另三部分别藏于圆明园的文源阁、沈阳的文溯阁、承德避暑山庄的文津阁，称“北四阁”。后又抄三部藏于杭州的文澜阁、扬州的文汇阁、镇江的文宗阁，称“南三阁”。清末以后战乱频仍，兵燹不断，七部珍藏仅存四部。文渊阁《四库全书》在国民党败退时被带到台湾，现藏于台北故宫博物院。

图 93　文渊阁前面

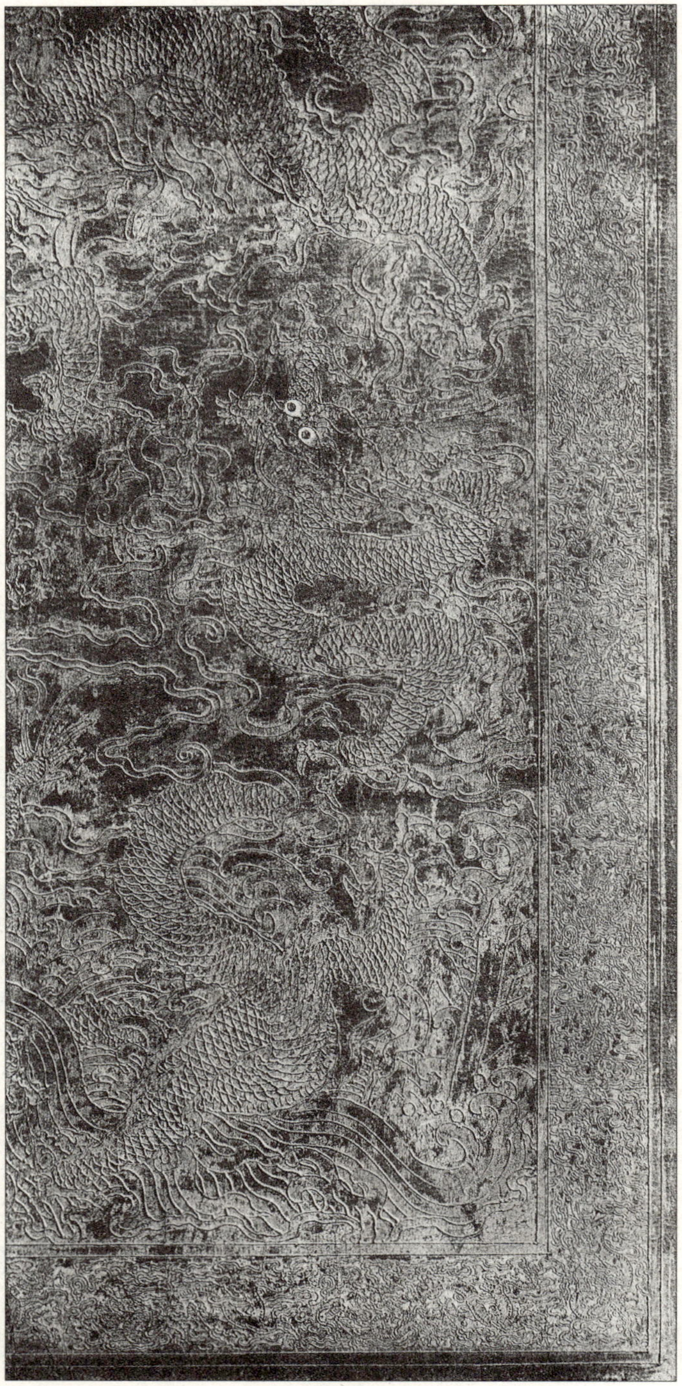

图 94　御箭亭"训守冠服国语骑射碑"

御箭亭"训守冠服国语骑射碑"

【图 94】

御箭亭位于紫禁城东部景运门外、奉先殿南一片开阔的平地上，其西侧为前朝三大殿，东侧为御茶膳房。箭亭初建于清顺治四年（1647年），时曰"射殿"；满人善骑射，皇宫内也要有练习骑马射箭的地方。雍正八年（1730年）改建，并更名为"箭亭"。箭亭实际上是一座大殿，面阔五间，进深三间，黄琉璃瓦单檐歇山顶，四面出廊。东西两侧山墙磨砖对缝，不开窗；南北两面各辟菱花扇门，南五北三共八扇。箭亭前宽敞开阔，为殿试武进士阅技勇之处。清代武生殿试要比三场，首场太和殿里默写武经，第二场在紫光阁，考马、步箭，第三场是在御箭亭，比弓、刀石。

箭亭大殿当中设宝座，宝座之东有卧碣一座，刊刻乾隆十七年（1752年）皇帝重申太宗皇太极诫后世训守衣冠仪制的圣谕上，名曰《训守冠服国语骑射碑》，俗称《下马即亡碑》或《居安思危碑》。在该上谕中，乾隆皇帝先回顾了《太宗实录》中崇德元年（1636年）十一月癸丑日皇太极告诫满洲人勿忘骑射旧制的一段话，然后发表了自己的感慨和训诫："朕每敬读圣谟，不胜钦凛感慕。深惟国家开创之时，我祖宗躬亲劳瘁，勤求治理，矩穉相传，罔敢渝越，以立万世之丕基。至于今，咸受无疆之福者，皆仰遵明训所致也。我朝满洲先正遗风，自当永远遵循，守而勿替。是以朕常躬率八旗臣什行围较猎，时时以学习国语、熟练骑射、操演技勇，谆切训诲，无非率由旧章，期以传之奕稷，永绵福作，惟是我皇祖圣训所垂载在。《实录》若非刊刻宣示，则累朝相传之家法，外庭臣什何由共悉？且自古显谟令典，多泐之金石，晓喻群工。我皇祖太宗之睿圣，特申诰诫，昭示来兹，益当敬勒贞珉，永垂法守。著于紫禁箭亭、御园引见楼及侍卫教场、八旗教场，各立碑刊刻，以昭朕绍述推广至意。俾我后世子孙臣庶，咸知满洲旧制，敬谨遵循。学习骑射，娴熟国语，敦崇淳朴，屏去浮华，毋或稍有怠惰。克钦承彝训，冀亿万世子孙，共享无疆之庥焉。"不仅在箭亭，中南海紫光阁、八旗教场也立有这道上谕的碑刻。碑碣的另一面雕刻着巨大的蟠龙以及祥云和海浪。

从碑文内容可以看出，清朝统治者为了巩固统治，把保持满族的骑射传统、服饰和语言视为生死存亡的根本措施，并刻石立碑，告诫后世子孙要居安思危。

图95　锡庆门

锡庆门

【图95】

锡庆门位于紫禁城内廷外东路，是宁寿宫区西南隅的大门。宁寿宫区南面正门是宁寿门，过宁寿门再往南为皇极门。皇极门前有东西狭长的小广场，其西侧为锡庆门，东侧为敛禧门，南侧为琉璃九龙壁。锡庆门外是一片开阔空地，南侧有外奏事房六间，西南、西北分别是御箭亭和奉先殿；再向西北行则为景运门，入景运门为乾清门广场。

锡庆门西向，为三座分立的随墙琉璃门，当中一座略高。门底部为汉白玉须弥座，朱红色门垛，当心嵌黄绿相间的琉璃盒子，盒子内为立体的缠枝西番莲纹。门楼为庑殿顶，覆黄琉璃瓦。梁枋、斗拱、椽飞等均为琉璃烧制的仿木构件，檩、枋上有旋子彩画。中门檐下正中悬匾额，书满汉文“锡庆门”。门内外设礓䃰墁道以便车舆出入。

紫禁城中各宫殿门屏槅扇皆有春联，每年于腊月下旬悬挂，次年正月下旬撤去。春联若需更新，只换新绢，而不改联语。对联语句基本系乾隆间敕儒臣、翰林撰拟。锡庆门中门的春联云：“亿万龄锡羡延洪，保定自天孔固；三千界重熙洊洽，祥和与物同春。”左门云：“三壶景象驻恒春，扣砌环迎戬谷；六幕光华征复旦，彤宸茂集繁祺。”右门云：“珠囊晷纬迓休征，福界垣昭太乙；玉烛年华彰瑞应，昌辰化溥由庚。”

皇极殿

【图96】、【图97】

皇极殿位于宁寿宫区中轴线前部，是宁寿宫区的主体建筑，始建于清康熙二十八年（1689年），初名宁寿宫。乾隆三十七年（1772年）至四十一年（1776年）改建宁寿宫区，并将宁寿宫改称为皇极殿，作为乾隆皇帝归政后临朝受贺之所；原来的后殿则改称宁寿宫。皇极殿与其后殿宁寿宫坐落在单层青白石须弥座台基之上，台基周围护以汉白玉围栏。皇极殿仿乾清宫规制度改造，面阔九间，进深五间，取帝尊九五之制。黄琉璃瓦重檐庑殿顶，前檐出廊，枋下浑金雕龙雀替。明间和左、右次间设殿门，余各次间下砌槛墙。后檐明、次间辟为后门，可达宁寿宫，余各间砌墙。殿前出月台，丹陛东西分置日晷、嘉量，乾隆三十八年（1773年）曾安设铜龟、铜鹤各一对，鼎炉两对，以体现皇权，后皆不存。御道两侧各有六方须弥座一个，座上置重檐六角亭，亭身每面镌篆体寿字各三。石座中心有铸铁胆，每年腊月二十三至正月十五日，则改立灯杆于其中。御路前有甬道相接，直贯殿南面的宁寿门。月台左右及甬道两侧各设台阶。

嘉庆元年（1796年）新正，乾隆将帝位“禅让”给十五子颙琰，传位授宝典大礼后，太上皇乾隆帝在皇极殿举行“千叟宴”，宴请90岁以上老人。光绪二十年（1894年），在皇极殿行慈禧六十寿辰贺礼，为此特意将皇极殿、宁寿宫外檐的金龙和玺彩画改为枋心苏式彩画。1979年重修时，改回乾隆时原样。光绪三十年（1904年）西太后七十岁生日前后，在此分别接见奥、美等九国使臣。1908年11月15日，慈禧病死，曾在皇极殿停灵、治丧。

图 96　皇极殿一部分

图 97　皇极殿西面

图98　宁寿宫

宁寿宫

【图98】

宁寿宫建于清康熙二十八年（1689年），初为宁寿宫后殿；乾隆年间，将原宁寿宫前殿改建为皇极殿，原“宁寿宫”匾额移至后殿，后殿遂改称宁寿宫。“宁寿”有健康长寿之意。乾隆皇帝《宁寿宫铭》补记称：“盛京大政殿后曰清宁宫，祖宗时祀神之所，祭毕，召王公大臣进内食祭肉。国初定鼎燕京，则于乾清宫后殿坤宁宫行祀神礼，一如清宁宫之制，至今仍循旧章。余将来归政时，自当移坤宁宫所奉之神位、神竿于宁寿宫，仍依现在祀神之礼。”宁寿宫建筑群的改造，就是为乾隆皇帝退休准备的养老之所。皇极殿、宁寿宫的造价达到一百三十多万两白银，仅宁寿门前的一对镀金铜狮，就用了黄金三百三十四两。

宁寿宫四周以黄绿琉璃砖围砌透风灯笼矮墙。宫面阔七间，进深三间，黄琉璃瓦单檐歇山顶。檐廊柱枋间为镂空云龙套环，枋下云龙雀替皆饰浑金，富丽堂皇。内外檐装修及室内间隔、陈设皆仿坤宁宫。东次间开门，置光面板门两扇，上为双交四椀亮子，门左右下砌槛墙，上安直棂吊搭窗。余各间均为槛墙、直棂吊搭窗。每间上部各安双交四椀横披窗三扇。后檐明、次间为门，每道门双交四椀菱花槅扇四扇，余各间砌墙。迎门一间后檐设一小室，内置煮肉锅灶。西侧三间敞通，安木榻大炕，设有萨满教神位及跳神用法器，为祭祀之所。殿后左右各有一座砖砌方形烟囱，为宁寿宫灶房及室内烟道所用。改建后的宁寿宫成为紫禁城内除坤宁宫以外的另一处体现满族风俗的重要建筑。

豪华、气派号称小紫禁城的宁寿宫完工之后，乾隆皇帝一天也没有住过。他在退位后，依然住在养心殿内，控制着朝政，直到嘉庆四年（1799年）正月初三日驾崩。乾隆帝八十寿典、嘉庆帝五十寿典，曾在宁寿宫赐宴皇子、王公大臣。

图 99　钦安殿陛

钦安殿

【图99】、【图100】、【图101】

钦安殿在紫禁城北部御花园正中，南北中轴线上。该殿始建于明代，嘉靖十四年（1535年）添建墙垣后自成格局。清乾隆年间曾在前檐接盖抱厦三间，后拆除。殿坐落在单层汉白玉须弥基座上，南向，面阔五间，进深三间，黄琉璃瓦重檐盝顶，梁枋施龙凤和玺彩画【图101】。殿前出月台，四周围以穿花龙纹汉白玉石栏杆，龙凤望柱头，双龙戏水栏板。所有雕刻云龙翔凤图案，刀法圆润浑厚，意态流畅，十分精美，是紫禁城建筑雕刻艺术中的精品。月台前出丹陛，东西两侧各出台阶【图99】、【图100】。院内东南设焚帛炉，西南置夹杆石，以北各有香亭一座。殿前院墙正中辟门，曰“天一门”，东西墙有随墙小门，连通花园。

殿内供道教玄天上帝，玄天上帝是水神。清朝每年元旦于天一门内设斗坛，皇帝往往至此焚香行礼，乞请玄天上帝保佑皇宫，消弭火患。每遇年节，钦安殿设道场，道官设醮进表。钦安殿事务由太监道士管理。

钦安殿既是供奉天帝之所在，所以很少有红尘纠葛以及政治大事发生，但这里却是西太后（慈禧）对东太后（慈安）产生怨恨的地方。

同治十一年（1872年），皇帝十六周岁，按照祖制，该大婚立后，应当亲政了。经过上年的筛选，众多的秀女仅剩下了十人。这十个女孩，当然都是满蒙八旗中风姿卓然、品貌特立的好姑娘。但选谁为皇后呢？慈禧、慈安各有不同的看法。慈禧看中的是富察氏，富察氏年仅十三，明慧可人，她是刑部江西司员外凤秀的女儿。富察氏案属上三旗的正黄旗，满洲八大贵族之一；康、雍、乾三朝将相辈出，煊赫非凡，其中尤以傅恒为著名。傅恒因为人品中正，先后远征大金川、缅甸以及力排众议支持乾隆皇帝平定准噶尔叛乱，成为清朝第一个赏戴三眼花翎的大学士、领枢军机大臣。其子福康安也屡蒙异数，尊荣无比。慈安看中的却是崇绮的女儿。崇绮，蒙古正蓝旗，阿鲁特氏，大学士赛尚阿之子，同治三年状元，为有清一代满、蒙古知识分子参加科举考试唯一夺魁的读书人。其女十八岁，相貌虽然不及凤秀的女儿，但端庄稳重，颇通诗书，也写得一手很好的大字。慈安认为，如果能选阿鲁特氏为皇后，既可以督促少年皇帝好好念书，也可以在皇帝亲政以后辅皇帝以开明行政，分担繁剧。同治皇帝本人则颇青睐于知府崇龄的女儿赫舍里氏，以相貌论，她是十位秀女中的魁首。但慈安曾以“娶妻娶德”的道理影响过同治帝。

二月初二（公历3月10日）这天辰正（上午8点），同治帝侍奉东西两宫皇太后，由近支福晋、命妇襄助御临钦安殿。殿内一张系着明黄桌布的条案后面，并排坐着两宫皇太后；东面则另设一椅，同治帝便坐在此处。条案上放有镶玉如意一柄及红缎彩绣荷包等等。如意是给即将先同的皇后的。另有一只银盘，齐整整放着十支彩头签，签上写有十位秀女所在旗、氏、父辈官职等等。十位秀女被带引着进了钦安殿。经过两宫皇太后的目测和商量，在十位秀女中又选出了四位秀女，一后一妃二嫔将从这四位秀女当中产生。慈禧满心认为她的亲生儿子同治帝会听她的话或者是明白她的意思，选凤秀的女儿当皇后。不料，同治帝却将那柄玉如意递给了崇绮家的女儿阿鲁特氏。阿鲁特氏是自康熙以来二百年历史上唯一一位蒙古族皇后……在同治朝两宫皇太后及同治帝之间，出乎慈禧意料的大事，三年前还有过一回。同治八年（1869年），慈禧违背太监不许出京担任差使的祖训，密令自己十分宠喜的太监安德海离京南下采办宫中用物。同治帝当时年仅十三，但已经恨透了这个与自己生母关系非同寻常的太监。侦知安德海已经离京之后，在慈安皇太后的支持下，与六叔恭亲王奕訢设计，密令山东巡抚丁宝桢在山东境内将安德海拘拿正法。事情进行得极为隐密，干的也果断漂亮。那回慈禧明知自己理亏，更不敢昭彰其事使丑闻四海传扬，倒也相安无事，安德海一案慢慢就阴干了。同治十一年钦安殿选后一事，使慈禧轰然意识到自己的儿子算是给别人养活了，慈安、同治、恭亲王之间已经隐然形成了一个足以制约自己的联盟。选定阿鲁特氏的皇后的一刹那，慈禧肝火蹿腾，谩怒无比，但她毫无办法，立即就把这口怨气咽了下去。因为慈安是先帝咸丰朝的皇后，当今皇帝的嫡母。自己虽然生了同治帝，但终归是一个妾，庶母而已。宗法礼制名位，谁也僭越不得。同治帝大婚以后，慈禧大施淫威，干涉儿子房帏之事，致令同治帝郁郁寡难，私自出宫，身染恶疾，两年后即一病而崩。不久，慈禧又将皇后阿鲁特氏逼死。光绪七年（1881年），慈安暴崩，当时王公大臣颇有传言，认为是慈禧施毒所致。

图 100　钦安殿基坛

图 101　钦安殿里面

图 102　景阳宫藻井

景阳宫

【图 102】

景阳宫为内廷东六宫之一，位于钟粹宫之东，永和宫之北。明永乐十八年（1420 年）建成，初名长阳宫，嘉靖十四年（1535 年）更名景阳宫，神宗皇帝的孝靖皇后曾居此。清康熙二十五年（1686 年）重修，并改为收藏图书的地方。景阳宫，面阔三间，单檐庑殿黄琉璃瓦顶，与东六宫中其他五宫的屋顶形式不同。檐下施以斗拱，绘龙凤和玺彩画，天花为双鹤图案，内檐饰以旋子彩画。

图 103　喷水器

喷水器

【图 103】

在钦安殿东北，有一座由各种形状的太湖石块堆砌而成的假山，山高14米，背靠着高大的宫墙，腾空而立，精巧秀雅。这座假山由奇形怪状的石块堆砌而成，磴道盘曲，堆山手法为“堆秀式”，故称堆秀山，是宫中重阳节登高的地方。山上筑御景亭，可眺望四周景色。堆秀山前山洞内有台阶通山顶，洞口左右两侧山石间设有一对石雕喷水器。石雕分上、中、下三部分，下部是趴卧姿势的石狮，向内歪头张嘴，身躯圆肥，四肢粗壮，显得十分稳健。两只石狮造型相同，前爪下无饰物，无法区别雄雌石狮，不同的是东边的石狮耳朵向上翻，西边的石狮耳朵向下垂。由此可判断，该照片显示的是东边的喷水器。大石狮背上有两只小石狮，头尾相交靠在一起，一起奋力托起一个大石盆，起到了“瓶颈”连接的作用。扁鼓状的大石盆周边刻十几只上下腾跃、欢欣起舞的浮雕小石狮。盆中一条石刻蟠龙，龙头高昂向上，口中镶金属水管用来喷水。

每天太监们提水上堆秀山顶，把水倒入御景亭的铜水缸中，缸底有管道，水从山顶水缸中通过管道而下，利用水的自然压力流至蟠龙口中喷出。石盆中水盛满后，沿石盆边沿外溢形成水帘，石盆周边浮雕小石狮好似在水中嬉闹，水花四溅，给御花园增添了不少情趣。

图 104　千秋亭（一）

千秋亭

【图 104】、【图 105】、【图 106】

御花园内建有万春亭、浮碧亭、千秋亭、澄瑞亭，分别象征春、夏、秋、冬四季。千秋亭位于澄瑞亭以南，嘉靖十五年（1536 年）建。亭方形重檐，上有伞状攒尖圆顶。方亭四面出抱厦，构成十二角。四面抱厦，前各出汉白玉石台阶，周围是白玉石栏板。绿色琉璃槛墙饰黄色龟背锦花纹，槛窗和槅扇门为为四抹头，上部嵌三交六椀菱花格纹，梁枋施龙锦彩画。下层檐以上改成圆形，施单昂五踩斗拱。上层为圆攒尖顶，称“一把伞”式，黄琉璃竹节瓦。上圆下方的屋顶取仿“天圆地方”的古明堂形制，宝顶由彩色琉璃宝瓶承托镏金华盖组合成。万春亭与千秋亭形制相同，色彩绚丽，造型精美，两亭可称为宫中亭子之最。千秋亭内陈设藏传佛教法器，有造型各异大小不同的宝塔、法轮及宗喀巴大师像。

图 105　千秋亭（二）

图 106　千秋亭内佛器

图 107　绛雪轩侧面

绛雪轩

【图 107】

绛雪轩位于御花园之东南侧，后依宫墙，坐东面西，面阔五间，单檐硬山黄琉璃瓦顶。七檩，前后无廊，梁、柱夹筑于山墙间。前接歇山卷棚顶抱厦三间，平面呈“凸”字形。明间开门，次间、梢间为槛窗，上为福寿万字支窗，下为大玻璃方窗。门窗为楠木本色不加油饰，窗棂漏雕“万寿无疆”纹。柱、框、梁、枋饰斑竹纹彩画，朴实淡雅。轩前一座琉璃花坛制做的极为精细，体量、造型恰到好处，下部为五彩琉璃的须弥座，饰有行龙及缠枝西番莲图案，上部用翠绿色栏板、绛紫色望柱环绕，基座与栏板之间施用了一条汉白玉石的上枋，色彩对比强烈，却又十分协调，为宫中花坛少有之杰作。坛内叠石为山，栽有牡丹等名贵花木，如同一只大型盆景，极为美观。花坛前竖一远古木质化石柱，铁灰色，十分珍奇，上刻乾隆帝御题。如今该轩门前花坛之上为湖石叠山。

乾隆年间，高宗皇帝常常在这里（或延晖阁）吟诗读书。轩前原有海棠树五株，每当暮春初夏，腥红艳丽的海棠花纷纷开放。据说当年乾隆帝与群臣在此作诗唱和，以绛红色的海棠花比喻雪片，遂名此轩为“绛雪轩”。乾隆帝曾有“绛雪百年轩，五株峙禁园”的诗句。一个“峙”字，可以说明当初那五株古老的海棠树的高大茂盛。晚清时，慈禧太后也常到御花园来“绕弯”。慈禧命从河南移来太平花，代替了古海棠。太平花叶片呈长椭圆形，边缘有稀疏小齿，四枚白色花瓣，初夏开花，清香淡雅。

养性斋

【图 108】

养性斋位于御花园西南角，坐西面东，与东南角的绛雪轩遥遥相对。两座建筑造型高低不同，对称却不呆板。绛雪轩呈“凸”字形，而养性斋呈“凹”字形，一凸一凹之间，暗示了阴阳五行中的进退、曲折。养性斋始建于明代，称乐志斋，毁于明万历十九年（1591 年）。顺治九年（1652 年）重建，改名养性斋，是一座两层楼阁式藏书楼。斋原为七间，乾隆十九年（1754 年）于楼两端向前各接出三间，改建为转角楼，使平面呈“凹”形；斋前出月台一座。黄琉璃瓦转角庑殿顶，上层前檐出廊，下层东面明间开门，次间及南北转角三间均为支摘窗。嘉庆二十年（1815 年）重修，月台面改铺墁金砖。

清代嘉庆、道光两帝常来此斋。末代皇帝博仪退位以后，曾聘请教师在这里教他学习英语和数学。英文教师是牛津大学毕业的庄士敦，曾在养性斋居住。溥仪学英语既不背单词，也不记句式，甚至连二十六个字母都不学。他把老师说的英语用汉字注音的形式写到小褶子上，溥仪学习英语的这种用具至今保留在养性斋里。

图 108　养性斋一部分

图 109　承光门

承光门

【图 109】

钦安殿北面正中，有琉璃牌楼门一座，称承光门。门北向，牌楼为三间三楼式，中一间为木门，左右次间为琉璃墙；檐楼为庑殿黄色琉璃瓦顶，正楼中间悬匾额。承光门左右各接高仅过人的短垣，干摆青砖下肩，土红墙身，黄色琉璃瓦墙顶之下，承托着一排琉璃斗拱。短墙东西延伸，折而向北，再各接牌楼门一座，东为延和门，西为集福门，北面宫墙正中为顺贞门，由四座门围成一个园林空间。这里的景观，均被墙垣、殿庭所约束，呈现出一种规正之美。

承光门也是紫禁城中轴线上的建筑。自大清门至地安门，禁城中轴线上的门依次为：大清门、天安门、端门、午门、太和门、乾清门、坤宁门、天一门、承光门、顺贞门、神武门、北上门、景山门、寿皇门、地安门。

神武门

【图 110】

神武门是紫禁城的北门，明永乐十八年（1420年）建成，明永乐至清顺治年间称玄武门。康熙皇帝登基后，为避康熙帝名讳“玄烨”而改称神武门。中国古代把天空东、南、西、北四方的星星想象为四种动物形象，叫做“四象”，每象又分为“七宿”，共二十八星宿。东方七宿称“东宫苍龙”，南方七宿称“南宫朱雀”，西方七宿称“西宫白虎”，北方七宿称“北宫玄武”。玄武形象既似蛇又似龟，为龟蛇合体。皇帝贵为天子，宫殿也取象于天宫——天帝居紫微垣，天子居紫禁城。城门名称也常取自四象，如唐代长安皇城的正南门称“朱雀门”；东汉洛阳宫城四门完全按四象命名，其西门白虎门旁有著名的白虎观，《白虎通义》在此编纂。明南京城北门称“玄武门”，门外之湖命名为“玄武湖”。

神武门的门楼建在高10余米的城台上，通高31米，平面为矩形。城台中辟三个券形门洞，门洞北面呈长方形；左右门洞旁有低矮的小值房。门楼建于汉白玉须弥基座上，面阔五间，进深一间，四周围廊。楼前、后檐明间与左、右次间开门，门上部嵌三交六椀菱花格纹；东西两山墙设双扇板门，以通城墙及左、右马道；门前皆出踏跺。重檐庑殿黄琉璃瓦顶，下层单翘重昂五踩斗拱，上层单翘重昂七踩斗拱，梁枋间饰墨线大点金旋子彩画。两檐之间正中悬蓝底华带匾，书镏金铜字满汉文“神武门”。

神武门城楼内设钟、鼓，由銮仪卫负责管理，钦天监指示更点，每日由博士一员轮值报时。每天黄昏后鸣钟108响，钟后敲鼓起更；其后每更敲钟击鼓，启明时复鸣钟报晓。但当皇帝居住在宫中时，则不鸣钟。神武门是宫内日常出入的重要门禁，明清两代皇后、妃嫔行亲蚕礼即由此门出入，至北海东北角的先蚕坛祭祀蚕神。神武门内为通往御花园及东西六宫的顺贞门，清代每三年选一次秀女，备选者经由此神武门偏门入宫候选。神武门外隔护城河有北上门，北上门正对景山门；崇祯十七年（1644年）李自成攻入皇宫，皇帝朱由检出神武门至景山自缢。1924年末代皇帝溥仪被冯玉祥驱逐出宫，即日出宫时亦由神武门离去。

图 110　神武门

神武门内望景山

【图111】

故宫北门神武门，正对着明清时期景山的正门——北上门，再往北约20米为景山门，门内即景山，照片中山顶建筑为万春亭。

北上门为歇山顶建筑，共五间，其中门洞占三间，门南向。北上门位于皇宫与禁苑之间的南北中轴线上，在神武门北的禁城护城河北岸，其北面有驰道西连三海御苑，东接通惠河，为皇城之枢纽。北上门东面是北上东门，西面是北上西门。明清时期，在皇城内宫城外，南起太庙和社稷坛墙，修建有围墙、庑房，环紫禁城护城河一周，形成了内皇城，使紫禁城和皇城之间增加一道防线，内皇城外修建驰道。内皇城东、西、北三面各辟三门，这九座门为东上门、东上北门、东上南门、西上门、西上北门、西上南门、北上门、北上东门、北上西门。三座上门分别在东华门、西华门和神武门外，上门两侧又各有两门。另外还有东中门、西中门、北中门三座中门，分别在三座上门与东安门、西安门和地安门西之间。

“北上门”是面南而北开，朝向与方位相反。从朝向上看，北上门应为景山禁苑南外垣门，从名称上看，则为故宫北外垣门。景山及北海在金代即为皇家园林，北上门的位置就是金太宁宫的紫宸门。元大都营建宫苑时，以紫宸门为界，建皇宫于其南，营禁苑于其北。元代宫城外没有护城河，而有“大内夹垣”(即宫城卫城)。明迁都北京后，在元皇宫和禁苑基址上改建新皇宫，北上门改建为楠木结构，清代继续沿用北上门。北上门之所以“南向”，是因为其北面有“镇山”，风水忌朝山开门。“北上门”地位尊崇，只有皇帝才能通行。而此时，外敌侵占国都，帝后出逃，礼崩乐坏，照片上可见平民百姓在北上门休息。

景山门是景山的南门，在明代称为“万岁门”，清代改今名，位于北上门北边，规制与北上门相同，但略小与北上门。景山的北门为北中门，东西门分别是“山左里门”和“山右里门”。照片中所见景山门两侧有低矮的护栏，又北折转接景山围墙，成一“凸”字形结构，与今景山门形制不同。

景山门内，绮望楼迎门而立，绮望意为眺望绮丽风景。在这幅照片中，它被北上门遮挡而不能见。金元时期，该绮望楼所在处就有恢弘的建筑，明时有五开间的大殿。绮望楼建于清乾隆十五年（1750年），楼高15米，宽20米，进深12米，重楼重檐，面阔五间，进深三间，四周有汉白玉石护栏。楼前出月台，阔如小广场。黄琉璃筒瓦歇山顶，上檐单昂三踩斗拱，明间悬满汉文书“绮望楼”匾额；下檐单昂五踩斗拱，前带廊，有丁头拱雀替，旋子彩画。楼四周有汉白玉石护栏。绮望楼内供奉有孔子神位，为景山官学堂学生祭拜先师的地方。据《日下旧闻孝》记载，北上门左右有北向长庑各五十楹，其中西长庑为教习内务府子弟读书处。景山官学是历史上最正宗的八旗子弟学校，曾有学生388名。庚子之变时，法军曾在绮望楼安营扎寨。

万春亭位于景山正中最高峰，是明清北京中轴线的中心点，也是北京的最高点。万春亭为四角攒尖式三重檐结构，绿琉璃筒瓦顶，黄琉璃筒瓦剪边，一重檐重昂七踩斗拱，二层檐和三层檐重昂五踩斗拱。共有两槽柱子，外层每面6根，共20根；内层每面4根，共12根。明代的景山顶上并无亭台，漫山遍植松柏槐树，楼台殿阁错落有致，分布景山上下，朱栏玉砌掩映于绿树丛林之间。乾隆十六年（1751），依山就势在景山五峰上各建一座亭子，自西向东面依次是富览亭、辑芳亭、万春亭、观妙亭和周赏亭。除万春亭外，其余四座亭子的建筑和彩绘形式呈东西对称，富览亭和周赏亭为重檐圆攒尖式，孔雀蓝琉璃瓦覆顶，紫晶色琉璃瓦剪边；辑芳亭和观妙亭为重檐八角攒尖式，翡翠绿琉璃瓦覆顶，黄琉璃瓦剪边。每座亭供一尊铜佛，称“五方佛”，代表酸、苦、甘、辛、咸五味的神灵，故又称“五味神”。其中万春亭内供奉的“毗卢遮那”大佛最大，也称“大日如来”。1900年，八国联军入侵北京，劫走四尊较小的铜佛，今亭内仅存石座。唯万春亭内大佛因太重而幸免，但其佛臂被砍坏，至“文革”期间，佛像彻底被毁。今万春亭内佛像为1999年重铸，木质漆金，莲座背光，高约3米。

1927年以后，故宫博物院为便利交通，修建今景山前街的东西马路，拆除北上东门和北上西门，独留北上门。1956年为拓宽景山前街，当年5月底至6月上旬拆除北上门和两边连房。

图 111　神武门内望景山

图112　紫禁城的东北角楼

紫禁城的东北角楼

【图112】

紫禁城有四个城角，在每一角上都有一座独特而精美的角楼，建造得十分引人注目。四座角楼轮廓优雅，造型独特，玲珑绚丽，檐角高翘，纵横交错，蔚为壮观。角楼设计得非常精绝，构造奇巧，共有九梁十八柱七十二脊，但在楼外根本看不到裸露的梁头。飞翘的屋檐共有三重，共计有28个翼角，16个窝角，28个窝角沟，10面山花，72条房脊，使建筑参差错落，层层叠叠。角楼轮廓清晰，有凸有凹，四个金檐歇山顶的山花外露，顶上十字交叉点放置镀金铜宝鼎，在灿烂的阳光下，金光闪闪，更显其典雅辉煌。

角楼并非真正的楼，角楼里屋内干净利落，既没有落地的柱子，更没有楼梯、楼层，称其为楼大概是因为它和城门楼子一样是建在城墙上的。角楼通高27.5米，虽高而不耸。屋脊上的吻兽共计230只，比太和殿的118只多了近一倍。从角楼外面看到的菱花木窗只是一种装饰，其实是假窗户，里面即是砖墙。这是因为角楼的承重分量大，又没有一根立柱。如果是真窗户，将无法承受整个建筑物的压力。

关于角楼，还有一个美丽的传说。燕王朱棣做了皇帝之后，就想迁都北京，于是营建北京皇宫。朱棣要求工部大臣在皇宫外墙的四个犄角上，盖四座样子特别美丽的角楼，每座角楼要有九梁十八柱七十二条脊。怎样盖这座奇特的楼呢？完工日期一天天临近，工部大臣急得团团转。他对工匠们说："给你们三个月的时间，如果再建不起来，皇帝发怒了，要砍我的头。在砍我的头之前，我要把你们都砍了。"工匠们顿时目瞪口呆，慌乱不已。三个月的期限一转眼就快到了，工匠们还没有一点头绪，他们做了许多样式，都不合适。他们绞尽脑汁，摆来摆去就像一个迷魂阵，还是拼不到一起。许多人失去了信心，坐以待毙。这时正是三伏天，天气燥热，工匠们心里烦闷，各个如坐针毡，度日如年。有个木匠实在呆不住了，他想：与其一天天等死，不如到外边快活快活，他就来到大街闲遛。走着走着突然传来蝈蝈的叫声，曼妙如歌，娓娓动听。他循声而去，见有一位鹤发童颜的长者，正在用秫秸编蝈蝈的笼子。他看得竟然出了神，目不转睛，这蝈蝈笼子不正是角楼的样子吗？他招呼工友们来看蝈蝈笼，大家顿时眼睛亮了起来，不由自主地数着：九根梁，十八棵柱，七十二条脊。他们看了一遍又一遍，都默默记在心里。正当大家七嘴八舌数数的时候，突然，一点声音都没有了，卖蝈蝈笼的长者也不见了。工匠师傅们就根据蝈蝈笼子的样式立即进行施工，很快四座九梁十八柱七十二条脊的楼阁建起来了，像仙山琼阁一样屹立在紫禁城的四角。后来人们都说：卖蝈蝈笼子的长者就是鲁班，鲁班爷看到工匠们有难，下凡来救众生的。另有一个传说是，紫禁城的四座角楼和大城（内城）的四座角楼（有三层的箭楼）象征成一条巨龙的八只龙爪，而龙身则是北京城中轴线上的十几座大型的建筑。

为了保护皇帝的安全，紫禁城有城、有池。角楼是城池建制的产物，防卫是其最主要的功能。计者独具匠心，借景造楼，宽阔的护城河水面映出它绮丽的角楼倒影，使之完全脱离了防卫之嫌，却成为了入诗入画的临水楼台。

角楼下的紫禁城城基厚8.62米，城墙顶部宽6.66米，可容五匹马并排行走。顶部外侧筑有品子形雉堞，雉堞为古代在城墙上修筑的矮而短的墙，守护者用来掩护自己。环绕紫禁城外围的护城河，建成于明代永乐十八年（1420年），亦称筒子河。河池距城墙20米，河宽52米，河底距地面深5米，周长3840米。两岸河帮均用厚50厘米、宽70厘米的花岗岩灌白灰浆码砌，坚固陡直，河底用灰土夯实。河帮上砌有平均高150厘米、宽50厘米的矮河墙，以长44厘米、宽22厘米、厚11厘米的城砖糙淌白十字缝做法砌筑，作为拦护之用。

这张照片中的是东北角楼，向右可见神武门及西北角楼。紫禁城的东西南北各有一门，午门和神武门位于南北墙垣的正中，东华门和西华门东西相对，位于东西城垣偏南处，各距南垣角楼100多米，距北垣角楼800多米。

照片中在禁城城墙下、护城河之内的是守卫围房。为了加强禁城的守卫，明代在禁城下设置红铺，由金吾、羽林等禁军轮值，驻兵日夜监守，戒备森严。清乾隆年间红铺改建为围房，共建东、西、北三面七百三十二间连檐通脊守卫围房，供守城士兵值守时居住或作为库房用。围房还建有防火作用的隔火墙，围房每十二间为一组，两端各设两间7.5米厚的实体隔火墙，五间、七间处设0.8米厚的隔火墙。新中国建国后，几经变迁，东华门外的围房一度成了故宫职工宿舍，西华门外的围房则成了车库，后来部分围房按原样得以修复。

清代的护城河中还栽中上了莲藕。为开源节流，自康熙十六年（1677年）起，护城河内常年栽种莲藕，莲藕除宫中自用外，还对外出售，所得银两专供宫内零星开支。但清廷式微，北京屡遭战乱，河中杂草丛生，满眼荒芜，无限凄凉。1999年对护城河进行治理，驳岸修整一新，河底全部铺砌方砖，河道更加坚固。

大高玄殿习礼亭

【图113】

该照片中所见为大高玄殿前的习礼亭。大高玄殿建造于嘉靖二十一年（1542年），内供“三清”像，是皇帝斋醮及宫婢习道教仪礼的斋宫。清代避康熙皇帝玄烨名讳改称大高元殿，曾四次重修，后称大高殿。大高殿门外有三座牌楼及东、西两座习礼亭，这五座建筑横跨今景山前街西段。牌坊形制均为四柱九楼，呈“品”字形排列，并有围墙相连接，其中东、西牌楼间的通道即为后来的景山前街。围墙的东南、西南角内，两座习礼亭分列南牌楼的两侧。习礼亭构造独特，钩檐斗栱，穷极工巧，是最高等级的道教礼仪建筑。亭为五花阁式，三重檐，歇山十字脊，九梁十八柱，建于砖砌台基上。习礼亭样式和故宫角楼基本相同，只是第二重檐的格局不太一样，习礼亭二重檐朝外面的为歇山式的檐面坡，而角楼二重檐朝外面的为山面坡。

1956年5月，北京市规划局、北京市道路工程局展修猪市大街至北长街北口道路，拆除大高玄殿前两座习礼亭及牌楼。部分建筑构件被保存在月坛公园。2004年，复建了大高玄殿前的南牌楼。

图113　大高玄殿习礼亭

景山顶上望见北方

【图114】

在景山顶万春亭向北望，所见为寿皇殿等建筑群，再远处为明清北京城南北中轴线上的地安门、鼓楼、钟楼，两边是密集的房屋。

金大地年间营建太宁宫，凿西华潭（今北海），在今景山附近堆成小丘，元代称此小丘为“青山”。明永乐年间修建北京城，将拆除元代旧宫殿的渣土和挖掘紫禁城护城河的泥土在此堆积，逐渐成了一个有五座山峰的土山，成为宫廷之屏障，与禁城前的金水河呼应，使皇宫形成依山傍水的格局。永乐十八年（1420年）宫殿完工，该山被命名为“万岁山”，高45.7米。因修建皇宫时，曾在这里堆过煤，所以又俗称“煤山”。万岁山所在为元代禁苑，故又称“镇山”，乃“镇压元代王气”之意。山上种植松柏槐树，山下种植果树，时又称山下为“百果园”。清顺治十二年（1655年），改“万岁山”名“景山”。景山名称有三曾含意：首先是高大的意思，《诗经·殷武》有“陟彼景山，松柏丸丸”之句；其次，这里是帝后们“御景”之地；再次，有景仰之意。

明朝修建万岁山目的是要镇住前朝，不想这里也成为大明末代皇帝殉国的地方。景山东麓有一株向低矮老槐树，乃是一处著名的人文景观——崇祯自缢处。1644年3月，李自成攻入北京。崇祯帝自觉有愧于列祖列宗，3月19日，末代皇帝朱由检用腰带自缢于观妙亭下的歪脖槐树。清军入关后，为招降明廷官吏，称此槐树为罪槐，用围墙圈起，以铁链加锁，树边有一石碑，刻“明思宗殉国处”，记载其事，还规定清皇室成员过此须下马步行。八国联军进京时，盗走了铁链。原树向南倾斜，“文化大革命”时期，老槐树被当做“四旧”砍掉，1981年在原址新移栽了一棵古槐。

寿皇殿是北京中轴线皇城内最后一组建筑，布局严谨，建筑精美，自成完整格局。寿皇殿原在景山东北麓，明时只是皇帝的普通游幸地。清代康熙在寿皇殿考验射箭本领，雍正时奉祀在此殿的康熙皇帝“御容”，乾隆即位后，又奉祀雍正皇帝“御容”于此。随后，该殿的作用也随之重要起来。因原殿宇尺度较小，仅三楹，乾隆十四年（1749年）在景山北麓、北京中轴线上重建更大规模的寿皇殿，作为奉祀“神御”的殿堂。改建此殿，传说是拆用明陵的木料。

新殿仿太庙形式建造，有正殿、左右山殿、东西配殿，以及神厨、神库、碑亭、井亭等附属建筑，殿前有宝坊、石狮等。垣墙呈方形，坐北朝南。寿皇殿覆黄琉璃筒瓦重檐庑殿顶，上檐重昂七踩斗拱，和玺彩画；面阔九间，进深三间，前后带廊，前有月台绕以护拦，前、左、右各有12级踏步，前正中有御路，雕二龙戏珠；檐下明间悬满汉文“寿皇殿”木匾额。寿皇殿有东西配殿各五间，进深一间，黄琉璃筒瓦歇山顶，四周带廊，重昂五踩斗拱，旋子彩画。寿皇殿左右各有一座碑亭，黄琉璃筒瓦重檐八角攒尖顶，上檐重昂七踩斗拱，下檐单昂五踩斗拱，四周有石护拦。衍庆殿、绵禧殿为寿皇殿的东西朵殿，黄琉璃筒瓦歇山调大脊顶，面阔三间，进深一间，前后带廊；重昂五踩斗拱，旋子彩画，四周有石护拦。大殿前为戟门，黄琉璃筒瓦单檐庑殿顶，面阔五间，进深三间，重昂五踩斗拱，和玺彩画，四周有汉白玉石栏杆，八级踏步，中间为御路。戟门外为一院落，其中南墙正中有牌楼式拱券门三座，通面阔20米，门前有石狮一对；东、西两面墙各有拱券门一座，阔4.2米。南墙门外有三间四柱九楼雕兽夹杆石的宝坊三座，通面阔16.2米，分列东、南、西三面。辛亥年以后，民国政府成立古物陈列所，把殿内所奉“御容”全部没收，作为展品，为此曾遭到前清遗老遗少的多次抗议。1954年寿皇殿辟为北京市少年宫。70年代末，该殿曾发生火灾，损失相当严重，1983年又重新修复。

寿皇殿东面为永思殿，坐北朝南，自成一院。永思殿东面有吉祥阁，观德殿位于吉祥阁南侧。永思殿和观德殿原为祀祖处，新寿皇殿建成后，渐改为帝后停灵之所。观德殿现为少年儿童图书馆。寿皇殿西面区域，在元代是忽必烈时开辟的亲耕田，有熟地8万平方米，元代皇帝们曾在此耕耘，以昭示天下。明代在此地域西侧建兴庆阁，东建集祥阁，两阁建筑样式、结构、色彩完全相同，黄琉璃筒瓦绿剪边，重楼四角攒尖顶，面阔三间，进深三间，四周带回廊。阁前空地作为值守太监开的菜园，并凿有灌溉用水井。乾隆初年，在这一带建起七百多间房屋，作为景山官学堂习艺房和学生宿舍。民国期间，这里又成为一片平地。现为北京少年宫足球场，以及几个篮球场，整个空地的面积近5万平方米。

寿皇殿等建筑群和景山为内皇城所围，内皇城墙北段正中即北上门。这道墙在又向北折，在景山两旁加筑了一个凸字形，至寿皇殿后再顺中轴线向北伸展，直达地安门，形成一个与天安门前相似的“T”字形广场。广场东西两列红墙中部分别开辟了东、西皇华门，这两座门迤南至寿皇殿，沿红墙筑有两列楼房，称做“雁翅楼“，为内务府满、蒙古、汉上三旗公署；门迤北则只有两座楼房东西对峙。“T”字形广场两侧设置着许多为皇家服务的衙门，诸如尚衣监、司设监、司礼监、酒醋局、织染局、针工局、巾帽局、火药局、司苑局、钟鼓司、供用库、蜡库、帘子库、兵器库、皮房、纸房、安乐堂等。地安门内为皇城禁地，普通百姓不得随便出入。清代满汉畛域，汉官大臣也禁止在皇城以内居住。中轴线再向北部延伸越过地安门，直通鼓楼前，这一段为“后市”，符合“前朝后市”的古制。地安门外街道两侧店铺林立，商贸活动十分活跃，市场繁荣。

地安门是皇城的北门，与南边的天安门遥相对应，寓意天地平安，风调雨顺。地安门始建于明永乐十八年（1420年），初名“北安门”；弘治十六年（1503年）二月重修，隆庆五年（1571年）七月修葺。清顺治九年（1652年）七月重建，并易名为“地安门”，为砖木结构之宫门式建筑，面阔七间，中明间及两次间为通道，明间宽7米，两次间各宽5.4米，四梢间各宽4.8米，总面阔38米，通高11.8米，进深12.5米。正中设朱红大门三门，左右各两梢间为值房。作为皇城的北门，地安门地位尊崇，门外竖有一通石碑，上书“官员人等，至此下马”。凡皇帝北上出征巡视时大多要出地安门，祭祀地坛诸神时也出地安门。光绪二十六年（1900年），八国联军入侵北京。8月14日健锐营官兵在地安门与进城日军展开激战，15日凌晨，慈禧太后眼见宫城难保，带上光绪皇帝仓皇出逃，经神武门、景山西街，出地安门，上午8时出西直门，一直跑到西安。慈禧出逃前还没忘了处理被囚禁的珍妃，她说兵荒马乱，带珍妃出逃不变，恐出了什么丑事，丢皇家体面，对不住祖宗，让她快点自尽，太监崔玉贵等遂上前将珍妃挟带投于井内。庚子战事，京城毁伤惨重，鼓楼后一带民居几乎全部化为灰烬，地安门一带大部分房屋也被烧毁。1924年，冯玉祥将军驱逐溥仪，这位末代皇帝灰溜溜地出了紫禁城，从地安门走往他的出生地摄政王府。

1954年底，为了疏导城市交通，地安门被拆除。当时一些文化界人士反对拆除地安门，政府将从地安门拆下来的门窗、梁、柱、柁、檩等都一一编号登记造册，连同砖石琉璃瓦等统统运往天坛，打算在天坛北坛上门内照原样重建一座地安门。不料后来天坛内突发火灾，堆垛在此的木料尽数焚毁，移建地安门的计划从此泡汤。

地安门外万宁桥北端西侧是高大的牌楼，著名的火神庙掩映在牌楼后面。再往北是高大的鼓楼，通高46.7米，下部为4米高的砖砌城台；城楼为三层，重檐三滴水木结构，黄琉璃瓦歇山顶。鼓楼二层设36根大柱，内原有主鼓一面，群鼓二十四面，现仅存一面主鼓。钟楼在鼓楼以北约百米处，是明清北京城中轴线的北端点。钟楼内正中置一八角形木框架，其上悬钟；该钟铸造于明永乐十八年，钟通高7.02米，最大直径3.40米，重约63吨。壮丽而神秘的京城中轴线止于钟楼，恰似“神龙见首而不见尾”，悄悄地隐遁于北城的烟霞雾霭之中了。钟、鼓楼为古代城市的报时台，清代划每夜为五节，晚8时（戌）曰定更；10时（亥）曰二更；12时（子）曰三更；凌晨2时（丑）曰四更；4时（寅）曰五更；5时（申末卯初）曰亮更，即天明之意。定更和亮更，皆先击鼓，后撞钟。二更至五更则只撞钟不击鼓。敲钟击鼓时先快击十八响，再慢击十八响，俗曰“紧十八，慢十八”，快慢相间凡六次，共108响。“晨钟暮鼓”，回荡京城。

图 114　景山顶上望见北方

永安寺宝塔前景

【图 115】

这幅照片为作者于永安桥南头所摄。永安桥建于14世纪，南接团城，北连琼岛，是中国古代堤障式石拱桥的典型。永安桥风韵秀美，以雅洁、精巧取胜，是用汉白玉石条砌成的连拱大石桥，宽约7米，长82米；桥面微曲，铺以条石，券洞三孔，桥身两侧有雕刻精美的栏板和望柱。

桥的南北两端各立四柱三间三楼柱不出头五彩木牌坊一座，朱红色圆柱，绿筒瓦庑殿顶，鲜艳夺目，四柱两边各有大木戗杆两根支撑。牌楼明间枋心有蓝底金字题额，南曰“积翠”，北曰“堆云”，故永安桥又有“堆云积翠桥”的嘉名。堆云、积翠二牌楼始建于元代，乾隆八年（1743年）迁建至北海。两座牌楼使此处的园林布局十分紧凑，颇有桥固水清之感。堆云、积翠二牌楼前各有石狮一对，雕刻精细，姿势雄伟。两对石狮的材质和造型并不一样，堆云牌楼下为一对汉白玉石狮，蹲卧在两层须弥基座上，昂首挺胸，面北正对永安寺门；积翠牌楼下是一对大青石石狮，蹲卧在锦袱方墩上，颔首俯视，面南正对团城城门。

永安桥下，北海湖里莲叶透碧，菱荷滴翠，蒲草萋萋。永安桥北，琼华岛上万木苍郁，殿阁栉比，错落有致，掩映林中；琼岛之巅，白塔巍巍，直刺苍穹。

永安寺宝塔北面

【图 116】

这幅照片为作者于北海北岸所摄。琼岛之巅，巍巍白塔耸立，熠熠生辉；琼华岛上，树木苍郁，殿宇栉比，亭台楼阁，错落有致；琼岛北岸，延楼游廊婉约多姿，风韵秀美；太液池中，荷叶田田，碧波万顷。偌大园林，湖光山色，浑然一体，天光云影，上下流动，气象万千，富丽宏阔，蔚为壮观。

延楼游廊呈弧形，环抱琼岛北麓的北海湖畔，上下两层；筒瓦元宝顶，绘苏式彩画，游廊外绕汉白玉护栏，曲折巧妙，富有意趣。游廊凡60间，长300米，两头各有古堡式小楼一座，东为倚晴楼（图左边），西为分凉阁（图右边）。延楼游廊宛如一条彩带，气势恢弘，将整个琼岛拦腰束起，烘托着北海的山光水色。游人自此，见水天空阔，清粼波光，荷风沁人，清香扑面，往往踯躅流连，尘心如洗，物我两忘。

延楼游廊属于漪澜堂建筑群，漪澜堂坐落于白塔山北麓下，是清乾隆三十六年（1771年）仿照江苏镇江金山寺而修筑的观景建筑群。漪澜堂倚山抱水，与北岸五龙亭、西天梵境隔水相望。在此处可南眺白塔，北望碧波，“萝径因幽篇得趣；云峰含润独超群”，极尽一览之胜。漪澜堂西为道宁斋，是清代皇帝和御用文人吟诗作赋的地方。在这幅照片中，漪澜堂和道宁斋皆被遮掩，不可尽见。

延楼游廊中部还有两座楼阁，东为碧照楼（图中左侧），题有乾隆御联“空明爱天水；飞跃任鱼鸢”，在漪澜堂前；西为远帆阁（图中左侧），在道宁斋前。每年中秋节，帝、后及嫔妃们都要来北海观河灯、赏明月，最佳赏月处就是远帆阁和碧照楼。平时，这两座依山面水、景色幽雅的楼阁是帝后们泛舟、垂钓后，休息、进膳的地方。现今为仿膳饭庄，是我国第一家专营正宗宫廷风味的著名饭庄。1911年清王朝被推翻后，皇宫内廷的御膳机构也随之瓦解，许多名厨散落社会。1925年北海公园开放，原清宫御膳房菜库厨师赵仁斋便约请几位失业的御膳房厨师，在北海的北岸租房五间，仿照宫廷御点办起一家“仿膳茶庄”，专营宫廷风味的菜肴糕点。1955年，仿膳改为国营，聘请清宫御膳房的厨师老师傅，传徒授技。1959年，“仿膳”扩大经营，改名“仿膳饭庄”，迁到漪澜堂道宁斋内，专营宫廷菜肴。

照片左边，在琼岛东麓可见一拱桥，是为连接琼岛与湖岸的陟山桥。据《辍耕录》记载，此桥建于元至元年间，长七十六尺，阔四十一尺半。桥上建有石渠，引水至琼华岛后山，储存在山顶的水池中，用于前山龙口喷水，以供皇帝、后妃们娱乐。清乾隆五年（1740），拆掉旧桥，向南稍移，建起砖石结构的三孔高拱券桥，废桥上石渠；桥长32米，宽7.1米，桥基为花岗岩砌成，桥身和拱券均为青砖砌成，桥面石、仰天石、44根望柱、41块护栏板均为青砂石制成。陟山桥西是智养殿和四柱三楼牌坊，桥东正对北海的东门——陟山门。门外为陟山门街，街长约300米，宽3至6米，是连接景山、北海两大“御苑”的重要步行走廊。明清时期，皇帝要在重阳节登高远眺，“陟”为登高之意，陟山门街就是皇帝往来景山与北海的专用御道。

陟山桥东面，可遥见树丛之上有一阁楼耸立，这是故宫西北角楼。

图 115　永安寺宝塔前景

图 116　永安寺宝塔北面

紫禁城全景（从永安寺望去）

【图117】

该图由三幅照片拼合而成，展现了故宫及其北面和西面的景观。永安寺在今故宫西北的北海公园内，建于北海公园琼华岛南坡。北海的营建源于一个古老的神话：传说东海上有蓬莱、瀛洲、方丈三座仙山。西汉时，武帝下令在长安北面挖了一个大水池，名“太液池”，池中堆起三座假山，分别以蓬莱、瀛洲、方丈命名。此后，历代皇帝都仿效“一池三山”的形式来建造皇家宫苑。北海之地原为河流故道，辽会同元年(938年)，太宗耶律德光建都燕京，在城东北郊“白莲潭”建“瑶屿行宫”，在岛上建“广寒殿”等。金大定十九年（1179年），于此建大宁离宫，湖名“西华潭”，岛称“琼华岛”，按“一池三仙山”的幻境布局构筑，并将北宋汴京艮岳御园中的太湖石移置于琼华岛上。湖中除琼岛外，还筑有“圆砥”和犀台山，象征海上三座仙岛。圆砥即后来的团城，当时乃是湖中一岛，四面环水。至元四年（1267年），元世祖忽必烈以太宁宫琼华岛为中心营建大都，琼华岛及西华潭被划入皇城，分别赐名万寿山、太液池。明代，于团城西侧筑起了金鳌玉蛛大石桥，从而将太液池分为北海和中海，同时又在中海的南端开挖了南海。从此，自北向南有了北海、中海和南海的西苑“三海”，水域面积合计1285亩。顺治八年（1651年）在前代废殿的基址上建起了一座藏式白色喇嘛塔，并在塔前建寺。从此，琼岛又名白塔山，寺亦名白塔寺。康熙十八年（1679年）和雍正九年（1731年）因地震塌毁，曾两度重建。乾隆八年（1743年）重修后，更名永安寺。出永安寺山门，经永安桥可抵团城，桥南团城下为“积翠”牌坊，桥北“堆云”牌坊，均被遮掩不能见。

左、中两幅照片主要从西北视角展现了故宫的俯瞰图。距离最近的故宫建筑是西北角楼，由此向右，顺西城墙望去，可遥见西南角楼。左图左上方为紫禁城的北门——神武门，这也是禁城中轴线最北端的建筑。由此向右依次可见钦安殿、坤宁宫、交泰殿、乾清宫、保和殿、中和殿、太和殿、午门，午门之左可见太庙（即今劳动人民文化宫），端门和天安门隐约可见。中轴线之西的高大建筑也基本都能显现。高屋重檐，殿堂崔巍，楼阁峥嵘，覆压百里，蔚为壮观。

左面照片的下面，有一座重檐攒尖顶的四方亭，是为“慧日亭”，亭附近有乾隆御书“琼岛春阴”碑。中、右两幅照片可见永安寺山门，门内为寺的前殿“法轮殿”，殿上方左右可见两座单檐攒尖顶的四方亭，其中西（左侧）为“意远亭”，东（右侧）为“云依亭”，它们与“涤霭”、“引胜”二亭分列中殿“正觉殿”前。正觉殿和涤霭亭、引胜亭在照片中皆不可见。引胜亭内有碑刻“白塔山总记”，由汉、满、蒙、藏四种文字分刻在碑的四面；涤霭亭有碑刻“塔山四面记”。两碑刻均为乾隆皇帝御笔，总述了北海历史变迁和白塔山的四周景物。

自慧日亭东眺，可见北海西墙，墙外即房钱库胡同、雪池胡同、陟山门街和大石作胡同等。此街区在元代为宫殿区，明清为衙署厂库，有雪池冰窖、内务府御史衙门等，晚清以来逐步演变为居住区。雪池胡同里有6座皇家冰窖，时称“里冰窖”，建于明万历年间。冰窖为半地下式建筑，地上部分边墙长约20米，高2米，山墙宽约10米，山尖最高处约4米，“人”字形起脊双坡屋顶，上覆黄色琉璃瓦。两端山墙上均开有宽1米、高2米的拱门，有台阶通往窖底。窖深约4米，窖底用柏木打桩为基，花岗岩铺底、砌墙。窖门外右侧有旱井一口，井比窖深1米有余，与窖内相通，排泄窖内融化冰水。雪池窖址北边有神殿一间，殿内供奉窖神。冰窖里储存的冰，主要是在夏季供皇宫中消暑降温，食品的防腐、冷藏之用。冰块采于冬季的太液池，每到秋天，要涮池子澄清水，以在三九时采到干净的冰。1979年，冰窖停用。

陟山门街区东面，还可见一处高屋建筑的房顶，这一重要建筑群是大高殿。大高殿在景山西麓，建造于嘉靖二十一年（1542年），时称大高玄殿，内供“三清”像，为皇帝斋醮及宫婢习道教仪礼的斋宫。清代避康熙皇帝玄烨之讳改为大高元殿，曾四次重修，后称大高殿。殿坐北朝南，南北长264米，东西宽57米，占地面积近1.5顷。沿中轴由南往北依次为大高玄门、大高玄殿、九天万法雷坛、乾元阁等主体建筑，其左右布置有配殿、钟鼓楼及值房等建筑。殿前有两重琉璃门，均为并列的三座洞券门，护以石栏。琉璃门内为三间过厅式大高玄门，通面阔16.20米，通进深8.80米，黄琉璃筒瓦歇山顶调大脊，五踩单昂斗拱中间有御路。门内东西有钟鼓楼，各高两层，均为方形平面，黄琉璃瓦歇山顶，其内钟、鼓于八国联军入侵时失落。大高玄殿为正殿，面阔七间，通面阔34米，通进深16.5米，黄琉璃瓦重檐庑殿顶，上檐七踩单翘重昂斗拱，下檐五踩重昂斗拱，金龙和玺彩画，前有月台，正面踏跺三出，

图 117　紫禁城全景（从永安寺望去）

中间有石雕御路。殿前有东西配殿各五间，均为绿琉璃瓦歇山顶，前出廊。大殿之后为九天万法雷坛，面阔五间，通面阔15米，通进深10米，单檐庑殿顶，绿琉璃瓦黄剪边，五踩重昂斗拱，旋子点金彩画。殿东西各有九开间配房，绿琉璃瓦歇山顶调大脊。最后一进建筑为一座两层楼阁，上层名“乾元阁”，为八柱构成圆攒尖顶，象征天，覆紫色琉璃瓦，亭立于平座上，周以围廊，有木质栏杆；下层名“坤贞宇”，方形，象征地，腰檐铺黄琉璃瓦，单翘单昂斗拱，阁建于有汉白玉护栏的台基之上，正面中间有踏跺，石雕御路。大高殿现为北京卫戍区某机关司机连占用。

大高玄门外有东、西、南三座牌楼和东、西两座习礼亭。牌楼均为四柱九楼，东牌楼匾额正面镌“孔绥皇祚”，背面镌“先天明镜”；西牌楼匾正面镌“弘佑天民”，背面镌“太极仙林”，均为明嘉靖二十一年建。南面的牌楼为乾隆年间复修大高殿时所建，正面匾额为“乾元资始”，背面匾额为“大德曰生”，并有“乾隆御笔”印。由于牌楼的坊柱入地很深，因此未加戗柱，在当时北京众多牌楼中独此一座，故有歇后语称“大高玄殿的牌楼——无倚无靠”。在左面照片的中部可见东、南二牌楼，西牌楼则为高树遮掩。后来三牌楼皆被拆除，而今仅有复建的南牌楼。民国二十三年（1934年）兴修文津街，拆除东、西牌楼的木栅。民国二十六年，重修已倾斜的南牌楼，柱子改用钢筋混凝土建造。20世纪50年代，为了解决文津街经北海大桥至景山前街的交通堵塞问题，将大高殿前的三座牌楼及金鳌、玉蝀二坊和故宫的北上门等拆除，牌楼部件运到月坛公园内保存。2004年8月，与故宫西北角楼隔筒子河相望的大高玄殿南牌楼复建完工，正反面仍镌“乾元资始”、“大德曰生”，湮没已久的历史景观又重现景山前街筒子河边。

中间一副照片还显现了当时北长街一带的景观。街内有福佑寺、万寿兴隆寺、昭显庙、静默寺等；明代的兵仗局、清代的会计司、庆丰司也在这条街上。福佑寺位于北长街北端东侧，清顺治年间创建，是康熙帝幼年读书和避水痘的地方。雍正元年（1723年）建正殿，赐予宝亲王弘历做府邸。弘历登基后改为喇嘛庙，名曰福佑寺。1919年青年毛泽东来北平时，曾暂居住于福佑寺。兴隆寺在北长街路西，明为兵仗局，康熙三十九年敕改；兴隆寺内有眷养出宫太监的“养老义会”。路西还有昭显庙，俗称雷神庙，是昔日皇家祭祀雷神之所。最初，风云雷雨诸神统一于天坛祈年殿内祭祀，后因京城风雨雷电灾害频发，皇帝颁旨在皇城之内建风雨雷神之庙。雍正间建风神、云神庙于东华门外，雷神庙于西华门外北长街，皆以春秋二仲，遣官致祭。昭显庙南是静默寺，明时为关帝庙，崇祯元年（1628年）募建，清康熙五十二年（1713）重修，赐名静默寺。

右面照片主要建筑为团城，团城处于故宫、景山、中南海、北海之间，号称“北京城中之城”。金代，将建造大宁宫而挖湖的泥土扩充了圆砥并在上面盖了一座宫殿，使其成为了大宁宫的一个部分。元代忽必烈选定团城为大内东西两宫的中间地带，团城以东为大内，以西为皇太后的兴圣宫和皇太子的隆福宫。在团城增建仪天殿，环岛四周围砌以石城。明代，重修仪天殿，先后更名为承光殿、乾光殿。东部被填为陆地，西侧建起了金鳌玉蛛大石桥，环岛砖砌团型城垛式城墙，高4.6米，周长276米，面积达4553平方米。清代重修乾光殿，又更其名为承光殿。大殿坐北朝南，正方形，重檐歇山顶，黄瓦绿剪边，飞檐翘角，四面又各出单檐卷棚式抱厦一间。殿内有白玉佛一座，高1.6米，光泽清润，上嵌宝石，由整块白玉石雕刻而成。八国联军占领北京时，掠走玉佛身上装饰的珠宝，至今玉佛左臂还留有刀痕。承光殿前为蓝顶白玉石亭——玉瓮亭，亭内有一杂色墨玉瓮，高70厘米、口径135 × 182厘米、周长493厘米、膛深55厘米、重3500公斤，这便是闻名的“渎山大玉海”。大玉海周身有波涛汹涌的大海浮雕，海龙、海马、海猪、海鹿、海犀等出没于惊涛骇浪之中，造型生动，气势磅礴。元初大玉海置于琼岛广寒殿，忽必烈用它做酒瓮。明代广寒殿被毁，大玉海流落到真武庙，道士们用做咸菜瓮。清乾隆时才发现，以千金购回，置于团城。大玉海与白玉佛被称为“团城二绝”。

团城四周风光如画，苍松翠柏，其中央为承光殿。团城有金代所植的栝子松，是北京最古老的树林；还有数百年树龄的白皮松两棵，探海松一棵。栝子松后被封为“遮阴侯”，白皮松为“白袍将军”，探海松为“探海侯”。相传有一年夏天，乾隆皇帝在团城游玩，天气闷热难当，坐于栝子松下，立时清凉阵阵，暑汗全消，于是封之为“遮阴侯”。另一传说更奇，一次乾隆下江南，骄阳似火，可他头顶总有一块云彩遮避；同时团城里的这株栝子松忽然枯黄，直到乾隆回京才恢复原状。人们传言，遮阴侯也随乾隆下江南了。三株大树皆树色苍翠，更加衬托团城的幽静环境。团城的右面是金鳌玉蛛大石桥，桥的两侧分别是浩渺的北海和中海。

图 118　永安寺宝塔

永安寺宝塔

【图 118】

永安寺建于北海琼华岛南坡。辽代在岛上建“广寒殿”，金于此建大宁离宫，元世祖忽必烈三次扩建琼华岛，重建广寒殿。明万历七年（1579 年），历经四朝六百余年风雨战乱的广寒殿坍毁。清顺治八年（1651年），世祖福临依西藏喇嘛恼木汗的请求，在广寒殿废址上建起了一座藏式白色喇嘛塔，并在塔前建寺，从此，琼岛又名白塔山，寺亦名白塔寺。康熙十八年（1679 年）和雍正九年（1731 年），白塔因地震塌毁，曾两度重建。乾隆六年至三十六年（1741 —1771 年），在北海禁苑大规模修葺和增建，前后连续施工 30 年之久；乾隆八年（1743 年）重修白塔寺，更名永安寺。

白塔位于琼岛之巅，是一座覆钵式佛塔，下有两层平台，四周砌有汉白玉石栏环绕。白塔全部为砖木石结构，上圆下方，由塔基、塔身、相轮、华盖、塔刹五部分组成，通高35.9米。塔基为砖石折角式须弥座，基座部分安有角柱石、压面石和挑檐石。座上为覆钵式塔身，塔身下部为三层圆台，中部为圆形，最大直径 14 米。覆钵式塔多为实心，而北海白塔却是空心，塔内部立有一根高九丈的柏木作为主心木，从塔基处直通刹顶。塔的表面见不到木构架，但可见塔的通身有306个方形青砖透雕通风孔，是为塔木构架通风之用，以防塔内木料潮湿糟朽。通风孔的纹饰雕刻讲究，图案多样，有蝴蝶、芭蕉扇叶、喇叭花、菊花、荷花、宝相花、西番莲花等。塔身内部贮藏有佛教器物。塔身正面（南面）有壶门式眼光门，又叫“时轮金刚门”，周围饰以钳子土烧制的西番莲花，中间有木质红底金字的 “时轮咒”，即所谓“十相自在图”，系七个藏文组成，汉译音“杭、恰、嘛、拉、哇、日、呀”，含“吉祥如意”之意。据说这组字图由清代藏传佛教著名领袖章嘉国师亲手写成。

塔身之上为相轮，砌出十三个线条，即所谓的“十三天”。塔中央主心木套有铁圈，接出环形分布的六道扁铁，端部突出于十三天外皮，承接 6 根 0.5 米见方的锻铁挺钩，支撑着十三天顶部的圆盘。相轮上是双层铜制华盖，象征“风”，其边缘悬挂 14 只铜钟。白塔顶部为镏金火焰宝珠塔刹，上有铜制的“日”、“月”和“火焰”，以示“佛法”如日、月、火焰一样光芒四射，永照大地；塔刹内还藏有一个二寸见方的金漆盒子，盒盖绘有太极图，盒内藏有两颗“舍利子”。1976 年唐山地震波及北京，塔顶受损。修复时发现塔内主心木中藏有一个二寸见方的两层金漆盒子，盒盖绘有太极图，盒内藏有两颗“舍利”，证明此塔是一座舍利塔。

白塔底部建有藏井，井内藏有旱船、佛龛及银盒奉舍利子，有喇嘛经文、衣钵和佛教法物，以及织品、五谷、药材、茶果等供物。据康熙朝修复白塔时的清代档案记载，塔内装葬铸嘛哈噶喇佛一尊，高一尺，铜铸镀金；银满达一个，重十两；舍利子盒一个，重一两；旱船三架以及佛龛、供物等。此外还藏有“各色茶叶十斤，各色净果品饽饽五筐，除毒药外各色药品共五斤，银九两九钱，珍珠、珊瑚、青金石，每样九钱；各色绒缎碎缕红条共五斤，和仙人掌、海螵蛸、菖蒲根、丁香、列志干莲、哈喇每样二斤，沉迷香一斤，高香五百箍，西天红黄香五箍，吉祥草二十一根，白地瓷罐九个，内装各色杂粮，康熙朝铜钱九枚，纸张千张，笔五十管”。

整个永安寺从山门至白塔，层层递高，逐级上攀，给人以层出不穷、壮丽宏阔之感。白塔处于琼华岛南北、东西两条轴线的交点，成为恢弘壮丽建筑群的顶点，也成为围绕琼华岛四面展开的建筑群的中心。古时帝王至此，居高临下，视野无垠，那种颐指气使、唯我独尊的气势悄然尽显于高屋建瓴中，至高无上，威仪自生。“近而太液晴波，天光云影，上下流动；远而西山居庸，叠翠西北，带似白云；东而山海，南而中原，皆一望无际，诚天下之奇观也。”登临此处，天下尽在掌握也！

图 119　永安寺塔前堂

永安寺宝塔前景

【图 119】、【图 120】

永安寺白塔下南面有一座精致华丽的宗教建筑，是为善因殿，为仿木琉璃结构的重檐建筑，殿顶为上圆下方的双重檐，以示“天圆地方”之意。上层檐覆瓦、圆亭式屋面均为青、紫铜制成，最上面为镏金宝顶；宝顶下层方檐覆绿琉璃瓦黄剪边，四方殿身每面宽4.4米；前檐抱框及四扇槅扇门亦为青铜铸造。殿外四壁镶有白伞盖绿度母琉璃佛像445尊。

善因殿坐落在砖砌四方台基上，台基涂以朱红墙面，顶部四周有石雕护栏。其南面开有券门，东西两侧修建台阶，台基下为砖铺地面。小小善因殿背靠高大的白塔，大小相衬，更显得小巧美妙、色彩斑斓、赏心悦目。

善因殿内供奉铜质镏金“大威德金刚”（俗称“千手千眼佛”）佛像。大威德金刚是藏传佛教格鲁派密宗所修本尊之一，“有伏恶之势，谓之大威；有护善之功，谓之大德”，梵名“阎魔德迦”，藏语为“多吉久谢”，意为“怖畏金刚”，汉译“大威德明王”，也叫阎曼德迦、怖畏金刚、牛头明王。他曾降伏死神阎魔天，因此其名字的含义就是“死亡的征服者”。大威德金刚有九头，代表九种镇压阎王的契经。每个头有三只眼睛，意为千里眼，无所不见。居中头最大，为黑色，表示压服阎王；长两水牛角，表示两真二谛。最高一头为黄色，呈现文殊本像，象征着慈善和平。除最上的菩萨面头戴华丽珠宝冠（菩萨装）外，其余八面都戴五骷髅冠（护法装）。水牛脸和两个牛角，代表幻身与明光，这是密续教法的精髓。三十四臂，再加身、语、意，表示菩萨佛的三十七道品。十六条腿，压阎王十六面铁城，亦象征十六空相。右八腿屈，压八天王，象征物为男人、水牛、黄牛、鹿、蛇、狗、绵羊及狐，表示是八成就；左八腿伸，压八女明王，象征物为鹫、枭、鸦、鹦鹉、鹰、鸭、公鸡及雁，表示八自在清净。该尊身相寓意总义为精通三十七道品，彻悟十六性空，障魔消尽，成就殊胜，得道大涅槃。此处供奉的神像立身莲座，造型威武凶悍，颇有除恶务尽之慨。

图 120　永安寺塔前堂内神像——大威德金刚

图 121　万佛楼附属门

万佛楼

【图121】、【图122】、【图123】、【图124】

清乾隆六年至三十六年（1741—1771年），大规模修葺北海禁苑，并增建许多新的建筑群，前后连续施工达30年之久。

乾隆三十五年（1770年），为了给孝圣皇太后庆祝八十岁寿辰，乾隆皇帝下令在北海北岸修建万佛楼。孝圣太后崇信佛教，有关清宫的影视剧中常称“皇太后”为“老佛爷”，实际上“老佛爷”这个称呼只限于对清朝皇帝的称呼。“老佛爷”的称呼来自藏传佛教，达赖和班禅接受清帝的册封，他们称大清皇帝是“万圣至上大智慧菩萨”转世。皇帝以菩萨转世的身份统治西藏，而西藏的最高首领达赖和班禅只是菩萨的在世间的最高仆从。清代唯一被称为老佛爷的太后是乾纲独断、权欲极度膨胀的慈禧太后。乾隆自皇宫拨出专款建楼，楼内供奉三世铜佛三尊；王公大臣也纷纷铸佛献寿，统计近万尊，供奉在布满琉璃墙壁上的大小一万个佛龛洞内，佛龛密如蜂房，佛像大者588两8钱，小者重58两；故称该楼为“万佛楼”，又称做“万福楼”。

万佛楼前是普庆门，为一座三券洞牌楼式随墙门。牌楼为砖石结构，三间七楼，黄琉璃瓦庑殿顶，明间正面额刻“妙境庄严”，背面刻“法轮高胜”，两次间枋中心嵌有二龙戏珠青石雕刻。门外有汉白玉护栏和望柱的小石桥【图121】。入门南北各有牌坊一座，黄琉璃瓦庑殿顶，南面牌坊南向额刻“大千轮置”，北向为“满万昙霏”；北面牌坊南向额刻“聚诸福德”，北向为“现大吉祥”。东西各有一浮屠，正中为万佛楼。

万佛楼高三层，曾经是北海全园最高的建筑。每层凡七间，顶层为歇山调大脊，各层皆为黄琉璃瓦绿剪边瓦顶。楼前左面树宝幡竿，右面立石幢；幢北面镌刻乾隆“御制庚寅万佛楼瞻礼诗”诗：“六旬庆诞沐慈恩，发帑范成两足尊。数计万因资众举，层看三此建骞楼。香花卜日瞻礼始，福德被民愿力存。设日遐龄祈寿算，肫诚还以祝徽萱。”幢东、西、南三面，分别刻满、蒙古、藏三种文字的这首诗文。万佛楼底楼联为：“十住引千光，佛力不可思议；一成该万有，我闻如是吉祥”；中楼联为：“香海观皆融，法流永汇；昙花跌遍结，寿世同持”；顶楼额题“华藏恒春”，联为：“龙象护庄严，满多宝藏；人天洽欢喜，遍恒河沙”【图122】。万佛楼之东为宝积楼，西为鬘辉楼，楼高皆为两层，每层各五间，上为灰筒瓦绿剪边黄琉璃瓦歇山顶，下层前出偏廊。万佛楼后面左右各有门，东门内是澄性堂，堂外环以游廊，堂前有池，后有石山，堂北面有湛碧亭，西有致爽楼。万佛楼后面西门内有八方亭，重檐八角攒尖顶，黄琉璃瓦绿剪边。亭内立有一座十六面结构的石佛塔，上刻五代前蜀僧人贯休画十六应真像以及御制赞语，镌刻技法精湛，人物传神。八方亭北面有佛殿，额为“真宝般若”，佛殿外墙壁以黄绿两色琉璃砖瓦装饰，其间镶嵌琉璃佛像，色彩绚丽，构图精美【图123】、【图124】。

万佛楼南面为观音殿，又名极乐世界、小西天，俗称“方殿”，也是1750年为孝圣皇太后六十大寿所建。观音殿是我国最大的木构方亭，建于双层台基之上，黄琉璃筒瓦绿剪边重檐四角攒尖顶，每面阔七间，四周有回廊，共有外檐柱36根，内檐柱28根，外金柱20根，内金柱4根。殿内高悬蓝底金字匾，上书乾隆御笔“楹乐世界”，内顶为八角穹窿式团龙藻井，殿内有八百罗汉山和仙山悬塑。殿外四周引水为池，每面正中有雕栏白石桥，桥外各有琉璃牌坊一座，牌坊间以短墙相连，短墙四角各有小亭一座。小西天东面为伸入北海的五龙亭，此处原是明万历年三十年（1602年）修建的泰素殿的旧址，清顺治八年（公元1651年）拆除泰素殿，改建为五座亭子。中间最大的亭子为龙泽亭，重檐，下方上圆；左边两亭为澄祥、滋香，右边两亭为涌瑞、浮翠，合称五龙亭。阐福寺位于五龙亭以北，原为明代泰素殿的行宫，顺治拆泰素殿而留此行宫，作为侍奉孝庄皇太后的避暑之地。乾隆七年（1742）曾做茧馆。乾隆十一年（1746年），始建阐福寺喇嘛庙，该寺主要建筑大佛殿仿照河北省正定县隆兴寺的规制，大佛殿内供奉着高大的六面千手千眼佛像，佛身由整株金丝楠木雕刻而成，镶嵌珠宝无数。

北海小西天附近还曾经有一段小铁路。1885年，李鸿章为开办铁路，乃逢迎慈禧的享乐癖好，在西苑三海西侧铺设一条轻便的铁路，供她乘小火车游园之用。南起中海瀛秀园（今中南海宝光门）门外，沿中海、北海西岸折而向东，终点为北海静心斋，起名“紫光阁铁路”。李鸿章随即从德国高价进口了6辆特制的小火车，一辆呈进光绪皇帝生父醇贤亲王，其余5辆全部觐献给慈禧太后。1888年，慈禧移住西苑，常游三海。因为慈禧非常迷信风水，害怕火车鸣笛和行进中的吼叫破坏皇城的气脉，于是下令小火车不准使用火车头牵引，每节火车上都系着粗粗的绒绳，由太监挽绳拉着前行。太后和皇帝乘坐的火车用黄绸窗帷，宗亲、外戚的火车用红绸窗帷，大臣们的火车用蓝绸窗帷。黄绸窗帷的火车走在最前面，车前众多太监、宫女高举黄幡锦旗各色仪仗，在铁轨两旁随车而行，浩浩荡荡，热热闹闹。太监们如纤夫一样拉着火车大汗淋漓地狂奔，老佛爷则兴致勃然地游园赏景。泱泱帝国末世，咄咄怪事尽出。时有一首《清宫词》描绘此景：“宫奴左右引黄幡，轨道平铺瀛秀园。日午御餐传北海，飙轮直过福华门。”老太后在这小火车上极为受用，于是觉出了铁路的好处。次年（1889年）秋，津通铁路、津浦铁路、京奉铁路、京张铁路相继开工。

光绪二十六年（1900年），八国联军进驻北海，澄观堂成为日军司令部。万佛楼内万尊佛像被抢劫一空，改为囚禁中国平民的监狱。阐福寺大佛殿内千眼佛身上的无数珠宝，也被八国联军盗走。强盗们为毁灭罪证，放火烧毁万佛楼、观音殿等建筑。民国初《三海见闻志》载：“今南坊依旧，北坊只余坊基址，牌已毁。宝积楼如故，鬘辉楼则孤壁独立，只余瓦砾，盖前数年已毁于遭火劫矣。前万佛楼佛座尚在，佛则于庚子年遗失。守者云，日本军运回本国，无一余者。今楼下之大佛，只余佛首卧在地上，不知由何处迁来，非本来面目也。”供老太后游园用的小铁路也被联军拆毁。民国八年（1919年）春，北海苑内驻扎着由袁世凯公府卫队改编的消防队，他们在佛殿内生火做饭，不慎失火，焚毁八方亭、大佛殿及大圆镜智宝殿等。至此，万佛楼、大佛殿等号称大、小西天的建筑群，化为一片灰烬焦土，仅剩断瓦残垣，20世纪70年代尽数拆除这些破败的古建筑，仅存天王殿、钟鼓楼、琉璃九龙壁和两座石碑保存至今。

1984年，重建了一座木构“小西天”方殿，用木料90万块。现阐福寺和万佛楼遗址上为北海经济植物园。2006年，北海公园开始规划重建大佛殿、万佛楼等建筑，此次规划根据近30年的研究资料和10年的测绘图，一砖一瓦考究绘制完成，以还原皇家禁苑的历史面貌。

图 122　万佛楼前面

图 123　小西天佛殿

图 124　小西天佛殿一门

图 125　金鳌玉蝀桥

金鳌玉蝀桥

【图 125】

这幅照片应是拍摄者在中海的万善殿或水云榭向北所摄。莽莽的中海，荷叶田田，莲花亭亭，菱角点点。金鳌玉蝀大桥宛如一条玉带，分开了中海与北海。北海东南部的琼岛上，白塔巍巍，草木苍郁，楼阁错落，塔下西面歇山顶建筑为庆霄楼。北海北岸，遥遥耸立着阐福寺大佛殿，西北岸为万佛楼、小西天等建筑群。

金鳌玉蝀桥，也称金海桥、御河桥，桥东头在团城西南。元代北海水域甚广，团城当时乃是湖中一岛，四面环水。当时这里曾架设两座半截木桥，分别在太液池东、西两岸，两座半截桥中间用船连接，船顺放，两桥畅通；船横摆，两桥断行。元代北京水运发达，舟楫可自通惠河直抵积水潭，彼时积水潭宽阔如海，南北往来的粮船、商船多汇于此，呈现“舳舻蔽天”的盛况。积水潭通太液池，半截木桥的设计，应是为了便于行舟。明代北京水运败落，运河大船只能到通州。明弘治二年（1489年）五月，在旧木桥位置建造了堤栈式石拱桥。石桥两头各立有四柱三间三楼柱不出头木牌坊一座，西头牌坊曰“金鳌”，东头牌坊曰“玉蝀”，故名金鳌玉蝀桥。照片中可见桥东头“玉蝀”牌坊，庑殿顶，四柱两边各有大木戗杆两根支撑。牌坊所在街道的两侧皆有围墙，分别包围着北海和中南海。清朝灭亡后，因缺乏维护，两座牌坊糟朽严重，1933年维修大桥，改牌坊为钢筋水泥结构；新中国建国后拆除牌坊，桥名也改称北海大桥。

金鳌玉蝀桥是北京城区内最大的古石桥，总长156.73米，宽9.48米。桥下有九个石拱券，中间拱券最大，两侧依次对称分布，其净跨径分别为第一、九孔3.2米，第二、八孔3.82米，第三、七孔4.45米，第四、六孔5.1米，第五孔（即中孔）5.74米，每个石拱券顶都有一螭状吸水兽头。中桥洞两端都有石刻对联，南向石额刻“银潢作峤”，左右联曰“玉宇琼楼天上下，方壶圆峤水中央”；北向石额刻“紫海回澜”，左右联曰“绣縠纹开环月环，锦澜漪皱焕霞标”。八个桥墩无分水尖墩台，其厚度大于桥孔净跨径，均为7.84米，这种造型在北京唯此桥独有，故有北海大堤之称。桥面两侧有汉白玉石栏和平顶方形覆莲柱头望柱，栏板镂空，上有束竹式寻杖和云拱，下部内外板心有海棠池雕线。民国初，中海为总统府，袁世凯命人在桥面南侧筑墙，以为屏蔽。1929年中海对市民开放，又拆除此墙。

“金鳌”、“玉蝀”的名字与中国的神话传说有关。传说上古时女娲补天，“炼五色石以补苍天，断鳌足以立四极。杀黑龙以济冀州，积芦灰以止淫水。”鳌是传说中的巨大海龟，三只鳌一起背负一座仙山，仙山方能岿然不动。海上本来有五座仙山：一曰岱舆，二曰员峤，三曰方丈，四曰瀛洲，五曰蓬莱，由十五只巨鳌背负着。后来龙伯之国有位巨人，一下子钓走了六只鳌，灼其龟骨以做卜筮之用，于是岱舆、员峤两座仙山流于北极，沉入大海。女娲就是用巨鳌的脚来支撑天的四角。又因其桥身微拱，如长虹卧波，故名“玉蝀”；《尔雅》云：“螮蝀，虹也。”古人认为，虹是“阴阳交接之气着于形色者也”。西苑北、中、南三海的营建即来自神话中东海三座仙山的传说，按“一池三仙山”的幻境布局构筑，“金鳌”负仙山，“玉蝀”跨天池，竟是何等的人间仙境。

据说广为流传的电影歌曲《让我们荡起双桨》，就是作者从金鳌玉蝀桥遥望北海的绿树红墙而得到灵感的。这首歌创作于1955年，当时的金鳌玉蝀桥亦非明清原貌。1954年，北京市拓宽东四至西四的道路，北海大桥也需加宽。至于是向北还是向南拓宽，将直接影响古老的团城去留。后周恩来总理亲临团城，听取专家和设计人员意见，审慎思考，决定北海大桥往南侧拓宽，同时将国务院北墙南移，以完整地保护团城。桥宽从9.48米拓为34米，桥长由156.73米增至220米，桥坡度由8%减为2%，桥面铺沥青，两侧设4米的人行道。九孔桥洞只留中间的第五孔可流水畅通，其余八孔桥洞用砖砌堵死，只做装饰。新中国建国后，中南海成为中央政府所在地。1974年，出于中南海的安全考虑，拆掉全部石护栏与望柱，改成2米多高的铁栅栏，南侧栅栏内侧铸上尖形棘藜，并设警卫岗哨。

图 126　万善殿后堂

万善殿后堂——千圣殿

【图 126】、【图 127】

万善殿在中海东岸。出紫禁城西华门，过南长街，进西苑门，沿湖北行500米，有一段湖岸向西伸入中海，万善殿即建在此处，湖对岸北侧即紫光阁。万善殿原为明代的崇智殿，在嘉靖时曾作为道教社醮法事活动的场所。清代顺治年间修葺，传说顺治皇帝体弱多病，加之国事缠身，遂笃信禅宗佛教成迷，甚至有出家为僧的念头。他将崇智殿改成为一座禅宗寺庙，并更名为万善殿。乾隆三十五年（1770年），重修万善殿，除原有建筑外，又在东西两侧建立了朗心楼和悦性楼，改为密宗佛殿。大殿为重檐歇山顶，阔五间。殿额为“普度慈航”，殿内供奉三世佛像。殿后有一座重檐圆攒尖顶殿宇，名千圣殿。殿内有八面七级紫檀木塔，名千佛塔。民间俗语有“救人一命，胜造七级浮屠”，因此佛塔基本都是七级，是藏舍利子的地方。万善殿西门外的湖水中有一座凉亭，是为水云榭，建于康熙年间，内立一石碑，上刻乾隆帝御书“太液秋风”，为燕京八景之一。

图 127　万善殿后堂内七层宝塔

图 128　紫光阁

中南海“紫光阁”

【图128】

“紫光阁”位于中海西岸北部，始建于明正德年间，初为贪玩的武宗皇帝朱厚照跑马箭射之地，名曰平台。四方平台上有团顶小殿，覆黄瓦，左右各四楹连房，覆绿瓦，南北有斜廊垂接台下。世宗时废台，修建紫光阁，至明末崇祯时，面貌已大变，“阁甚高敞，树阴池影，葱翠万状，一佳景也。”清因其旧，康熙时增筑长廊，但当时阁系圆顶北向，与后世形制迥异。自康熙二十九年（1690年）开始，每年十月十八日前后，皇帝在紫光阁考试武进士马步箭、弓、刀、石等科目，并钦定一甲三人，二甲五人，三甲前列十人，入选者择优充当御前侍卫。现存之阁系乾隆二十五年（1760）重建。乾隆二十五年（1760年），命重新修建紫光阁，翌年新正，举行落成典礼，四十年（1775年），再次重修紫光阁，此后基本无变化。

紫光阁体量宏伟高大，朱甍碧瓦，金牖丹楹，华丽壮观。阁南向，高两层，面阔七间，单檐庑殿顶，黄剪边绿琉璃瓦；底层前有五间卷棚歇山顶抱厦，上层间量向内收杀而绕以回廊，以备远眺。阁前有400余平方米宽敞的平台，汉白玉围栏，雕龙望柱，三面出阶，南面台阶三座，东西各一。阁后有武成殿，乾隆题额“绥帮怀远”。武成殿与紫光阁以三十二间抄手廊相联结，形成了一个典雅、肃穆的封闭院落。

乾隆皇帝大修紫光阁，目的是将之作为炫耀大清帝国“武功之盛”的场所。康雍乾三朝武功赫赫，乾隆更自誉为“十全老人”。平定西域准部、回部得胜后，在紫光阁作“平定西域前五十功臣像”、“平定西域后五十功臣像”。乾隆四十一年，又将紫光阁抱厦拓宽，陈列平定大、小金川的战图，并依例再绘“平定金川前五十功臣像”和“平定金川后五十功臣像”，举凡乾隆“十全武功”各役，都绘有战图和功臣像收藏，合计功臣像280幅之多。此外还有俘获的军器等，军器上写着所获者姓名，以志永久，紫光阁实际上成了清代的军事博物馆。乾隆皇帝在一首诗中写道：“阁就胜朝址，图标昭代勋。格惭虞帝羽，数过汉时云。”认为紫光阁图功臣像是胜过汉代云台廿八将和唐代凌烟阁二十四将的盛举。然而，颇具讽刺意为的是，一百多年后，这座炫耀武功的楼阁却被八国联军占据，收藏的战图、功臣像等遭遇浩劫，损失殆尽。如今国内只有天津历史博物馆收藏了两幅功臣像，其他均已毁坏或流失。平准第一功臣傅恒像，1987年被刊登于纽约苏富比拍卖目录，后以17600美元成交。堂堂大清功臣画像，竟被强寇劫至海外，盛衰之势，瞬息变幻，殊可叹也！

乾嘉时期，曾数次拒西方使者于皇宫禁苑之外。道光、咸丰二朝，却数次败辱于西方列强。到了同光时代，外国使节就正式踏入了中国皇帝的禁苑，紫光阁就是大清皇帝第一次正式接见外国使臣的地方。数千年来，“中央帝国”的统治者一直以“天朝上国”自居，外国来使觐见皇帝必须行跪拜之礼。1793年英国使臣马戛尔尼就因觐见礼仪之争而没见到乾隆皇帝，直至1858年《天津条约》签订，清朝才被迫同意西方使节觐见可不行跪拜礼。随后咸丰皇帝病死热河，同治继位，清廷又以皇上年幼不便见人为由，拒绝外使入觐，这一拖就是十二年。1873年，18岁的同治皇帝正式亲政。英、法、美、俄、德五国公使连续照会总理衙门，要求觐见皇帝。晚清国力衰弱，这时候的清政府已不可能如乾隆那样强硬，也没有拒绝外使觐见的充足理由。经过长时间的交涉，最后清政府同意公使觐见时改为鞠躬礼，但觐见不能在紫禁城的太和殿，而是选择在紫光阁。同治十二年（1873年）六月初五日，皇帝在紫光阁接见了日、俄、美、法、荷、英六国使臣，公使依次向皇帝三鞠躬，并亲手呈交国书。整个觐见仪式不到半个小时，对于西方国家来说，这是前所未有的外交胜利，视之为“中国传统礼制的冰山开始崩塌”的标志。事实上，清政府还是在觐见地点上玩了小花招，以维持“天朝上国”的尊严——紫光阁曾是皇帝接见藩属国贡使的地方。按典制，每年新正皇帝例行赐宴外藩和蒙古王公，乾隆二十六年后，将赐宴地点从丰泽园移往紫光阁，直到清末。清王朝以此来暗示，不管俄罗斯还是英吉利，都是我大清的藩属。后来，紫光阁曾一直作为皇帝接见外国使节的地方，西方使节们逐渐知道了这里的秘密，于是大为不快，中外双方开始两又一轮的争吵和妥协。今天，紫光阁仍然是国家领导人接见外宾的重要场所。

图 129　瀛台内翔鸾阁（一）

瀛台

【图129】、【图130】、【图131】、【图132】、【图133】、【图134】

明初北京皇城向南拓展，禁苑亦南拓，于是在中海南面开挖南海。海中置岛，连同北海琼华岛、团城，构成“三海”中的“三神山”。岛初名南台，其上建筑不多，林深树茂，野趣盎然，南部有一座昭和殿，殿前有一座“澄湖小亭”。清顺治年间在岛上建宫室，改名瀛台，以应东海仙山“瀛洲”。康熙以后不断扩建，遂成规模。岛上的建筑物按南北轴线对称布局，轴线上自北至南有翔鸾阁、涵元门、涵元殿、蓬莱阁、迎薰亭等，与东西朝向的祥辉楼、景星殿、庆云殿等殿宇共同组成三重封闭的庭院。沿瀛台岛点缀着许多赏游的建筑：东有补桐书屋、随安室、镜光亭、倚丹轩、牣鱼亭；西有长春书屋、八音克谐亭、怀抱爽亭等。清代皇帝每年祭祀社稷坛后，来瀛台更衣。上元节时，皇族人等来此观看燃放焰火。乾隆幼时曾在此读过书。清末戊戌变法失败后，光绪皇帝被幽禁在此，1908年11月14日抑郁而终于涵元殿。1900年八国联军曾将瀛台作为“联军统帅部”。小小岛屿，几多悲欢辛酸。

翔鸾阁位于瀛台北部，建于清代康熙年间，是瀛台的正门，坐南朝北，位于石桥南端的40级台阶之上。阁高二层，面阔七间，单檐庑殿顶，前后出廊。东西两侧延伸出双层回抱楼，各十九间，上层为卷棚式屋顶，底层前后出廊。整座建筑朱楹画栋，饰苏式彩画，富丽堂皇。登上翔鸾阁，可眺望南海、中海的绮丽风光。阁南面为宽敞气派的大院落，植有苍松翠柏，山石错叠，环境清幽【图129】、【图130】。院内西侧是瑞曜楼，东为祥辉楼，皆两层，单檐歇山顶【图131】。翔鸾阁之后为瀛台的正殿——涵元殿，是皇室在瀛台游玩和摆宴的主要活动场所，光绪皇帝也死于此殿。涵元殿南面与其相对者是蓬莱阁，蓬莱阁之南即明代南台旧址，其东有春明楼【图132】，西有谌虚楼，两楼之间有一块高26米的木变石，是黑龙江将军福僧阿的贡品。再向南至瀛台最南端，水中建迎薰亭。按古时有八风之说，《吕氏春秋》：“何谓八风？东北曰融风，东风曰滔风，南方曰薰风，西南方曰巨风，西方曰飙风，西北曰厉风，北方曰寒风。”唐诗中也有“薰风自南来，阁殿生余凉”。故而在南端建迎薰亭，有桥与瀛台相连，亭有联曰“相于明月清风际，只在高山流水间”。迎薰亭是一座十字亭，主亭为大脊歇山顶，四坡面接卷棚歇山顶抱厦小亭【图134】。迎薰亭隔南海与宝月楼相望。宝月楼建于乾隆二十三年（1758年），楼高两层，面阔七间。传说此楼是为香妃所建，登楼南望可见清真寺等回族风格建筑。民国初年，袁世凯下令将宝月楼前后打通，改造为总统府大门，名新华门，这个名字沿用至今。

图 130　瀛台内翔鸾阁（二）

图 131　瀛台内翔鸾阁及瑞曜楼一部分

图 132　瀛台内春明楼

图 133　瀛台左近障壁

瀛台建筑群中有障壁相隔，墙壁中开有镶嵌什锦窗作为装饰。通过在隔墙上设置这种漏窗，使隔墙两侧的景观既有分割又有联系，什锦窗本身还有框景之作用，是园林中不可缺少的一种装修形式。瀛台内隔墙上漏窗为夹樘什锦漏窗，窗框外形各种各样，有扇面、宝瓶、寿桃、宝葫芦、芭蕉扇、银锭、圆环等，框边雕刻花纹。夹樘什锦漏窗的窗框内安装两层仔屉，内镶玻璃或糊纱，其上题字绘画，中间安置灯烛以照明，故又称灯窗。每逢佳节的夜晚，各种形状的窗内灯火齐明，映照两壁诗画，自有无限意趣【图 133】。

图 134　瀛台中迎薰亭

图 135　腐鱼亭石桥

腐鱼亭

【图 135】

涵元殿东西各有一座二层六间的楼，东曰藻韵，西为绮思。自藻韵楼再向东，太湖石山上有一小院落，南屋名补桐书屋，北屋名随安室。1724 年，身为皇子的弘历在此读书，当时院中有两株老桐树，其中一株因病枯死，后又补种一株，故名补桐书屋。书屋东北有待月轩，乾隆曾来此待月东升。再北，山上有一六角亭，名饶光亭。再折而向东，海中有一座八角攒尖小亭，名腐鱼亭。亭南北各有曲折的小桥与岸相通，两桥形制相同。桥面平坦，以条石铺砌；两侧有护栏，望柱上雕刻小石狮，每桥共计有石狮 24 只。

图 136　流杯亭

流杯亭

【图 136】

南海东岸有流水音（流杯亭）、千尺雪、交芦馆、蕉雨轩、云绘楼等建筑。韵古堂在东北岸边，堂东有小水池，中海、南海之水经此东流，穿南长街，至社稷坛南折，至坛南墙下复东折流出，即为天安门前外金水河。在这个水池中建有一座单檐四角攒尖亭，亭内漫铺石板，并凿有流水九曲漕，可置酒杯，这就是“流杯亭”，有乾隆御书“流水音”之匾。昔日有飞泉瀑布下注池中，在九曲蜿蜒的水渠中流淌，随波逐流的酒杯停在谁的座前谁就要吟诗作赋，否则就罚酒认输，乃沿袭古代三月上巳“曲水流觞”之俗。东晋永和九年（353 年）三月初三上巳日，书法家王羲之偕亲朋谢安、孙绰等 42 人，在兰亭修禊后，将盛酒之觞放溪中漂流，饮酒赋诗，作《兰亭序》。“兰亭雅集，曲水流觞”引为千古佳话。

图137　云绘楼

云绘楼

【图137】

云绘楼和清音阁建于清朝乾隆年间，在南海东岸南船坞旁边。这组建筑结构和风格独具特色，云绘楼楼高三层，最上一层为小阁楼。云绘楼南侧连接着一座套方亭——两个正方亭沿对角线方向组合在一起形成的组合亭，两亭紧密相连，又彼此独立，珠联璧合，浑然一体，亭另一侧连接着高两层的清音阁。这两座楼原为乾隆皇帝画室和琴房，是皇帝登楼观赏太液清池、写字绘画、吟诗作曲之处。楼下岸头可泊小船，以供往来。20世纪50年代中期，在南船坞旧址新建中南海门诊部，需要拆掉附近的云绘楼。当时的云绘楼已破败不堪，充做仓库使用，但文物局不同意拆除。后决定迁建，1954年，专家们拆除云绘楼，对构件进行绘图编号，然后搬迁至陶然亭公园内按原样重新搭建，这也是中国文物保护史上第一次对古代建筑进行的整体搬迁。

图 138　万寿山游廊

万寿山游廊

【图 138】

清乾隆十五年（1750 年），乾隆皇帝为庆贺母亲孝圣皇太后六十大寿，在西山下瓮山泊营建园林“清漪园”（光绪年间改称颐和园），在万寿山前后修建一系列建筑群，山与湖相交地带的长廊更是神来之笔。1860 年，英法联军焚毁长廊，1888 年又重新建造。

颐和园长廊以其建筑精美、曲折多变和彩画丰富而久负盛名，是我国古建筑和园林中最长的廊，全长 728 米，共二百七十三间。长廊东起邀月门，西至石丈亭，中间穿过排云门，长廊中间对称点缀着“留佳”、“寄澜”、“秋水”、“清遥”四座重檐八角攒尖亭，分别象征着春、夏、秋、冬四季。“留佳”意为美景常在，“寄澜”意为寄情于波澜，“秋水”源自唐代王勃《滕王阁序》名句“落霞与孤鹜齐飞，秋水共长天一色”，“清遥”是视野辽阔、一望无际之意。长廊东边留佳、寄澜二亭之间南向有伸向湖岸的一段短廊，衔接着湖中临水建筑“对鸥舫”；西边秋水、清遥二亭之间南向也有短廊，衔接临水的鱼藻轩。两座敞轩建筑一东一西，相互对称，北接长廊，南临码头，供帝后游湖时上下船之用。鱼藻轩北面又有一段短廊，连接着一座三层八角建筑——山色湖光共一楼，楼额为乾隆皇帝御笔。楼东邻云松巢，西接听鹂馆，后依画中游，登高远望，湖光山色尽收眼底。整条长廊蜿蜒曲折，彩画精致，沿途穿花透树，依山傍水，景随步移，美不胜收。

长廊还是一条五彩缤纷的画廊，雕梁画栋，色彩斑斓，无比绚丽。廊间的每根枋梁上都有彩绘，共 14000 余幅，色彩鲜明，富丽堂皇。长廊彩绘属于“苏式彩画”，是中国木结构建筑上的装饰艺术。其特点是：主要画面被括在大半圆的弧线内（称为“包袱”）；无固定结构，全凭画工发挥，同一题材可创作出不尽相同的画面。长廊彩画题材广泛，山水风景、花鸟鱼虫、人物典故等均有入画。山水画的内容一是临摹传世的山水名画，二是写生江南风景名胜。乾隆皇帝每次南巡，见到优美风景和别致建筑，就命画师绘制成图。建长廊时有关西湖风光的绘画就有 546 幅。花鸟画的内容以历代流传的吉祥图案为主，如“岁寒三友”、“百鸟朝凤”、“喜鹊登梅”和“连年有鱼”等。最引人入胜的当数 187 幅人物故事画，取材于历史故事、古典文学、神话传说、诗词典故和戏曲人物等。如有 5 幅水浒人物故事画，包括“林冲风雪山神庙”、“三碗不过岗”、“鲁智深大闹野猪林”、“鲁智深倒拔垂杨柳”和“武松打虎”等。彩画内容涉及时间跨度非常大，上自三皇五帝，下到清朝，可以说是我国文化史的一个缩影。1990 年，长廊以建筑形式独特、绘画丰富多彩，被评为世界上最长的画廊，收入《吉尼斯世界纪录大全》。

万寿山牌楼

【图 139】

“云辉玉宇”牌楼立于昆明湖北岸，为四柱三间七楼不出头五彩木牌楼，黄琉璃瓦庑殿顶，金龙和玺彩画，无戗杆支撑，正楼和两次楼的挑檐桁与额枋之间各有八根钢制大挺钩支撑，两座夹楼和两座边楼则各有四根，共计四十根大挺钩，以保持檐楼的稳定。正楼北额题刻“云辉玉宇”，南额刻“星拱瑶枢”，次楼雕刻镂空双龙戏珠。

牌楼是排云殿的起点，也是万寿山南北中轴线的最南端。“星拱瑶枢”、“云辉玉宇”，寓意万寿山一路是九天仙界的琼楼玉宇。“云辉玉宇”，表示这里是彩云与华丽宫殿相辉映的世界，“玉宇”是传说中神仙居住的地方，将万寿山建筑群比喻为“玉宇”，喻指太后乃长生不老的神仙，既是祝寿又是歌功颂德。“星拱瑶枢”意指这里是“众星拱卫的神仙居所”，突出了万寿山建筑作为“北极星”的尊贵地位。

透过牌楼远望，左面是南湖岛以及连接岛与湖岸的十七孔桥，岛右侧西堤隐约可见。乾隆皇帝迷恋江南美景，于是仿杭州西湖的苏堤在昆明湖建西堤，堤上又建六座桥以添趣增色。十七孔桥西有座八角重檐攒尖亭，这就是廓如亭，为我国现存最大的古亭类建筑，亭面积达130多平方米，由内外三圈二十四根圆柱和十六根方柱支撑，枋檩皆绘彩画。廓如亭体形舒展稳重，气势雄伟，登亭远眺，视野辽阔，一望无际，故名“廓如”。亭北侧为1755年铸造的铜牛，称为“金牛”，是为镇压水患而设。牛背上刻有乾隆御笔《铜牛铭》。桥西南湖岛上有涵虚堂、龙王庙、鉴远堂等建筑。十七孔桥是一座联拱大石桥，造形优美，远望如一条金玉带飘落湖上。桥长150米，宽8米，桥面称拱形，两侧有汉白玉石栏板，望柱上雕有544只形态各异的石狮。十七之数暗含九五之尊的礼制，中间券洞最为高大，由此向两侧逐渐缩小，从东端或西端分别向中间数，桥洞的数目都是九个，九九归一，“九”是最大的阳数。桥上所有匾联，均为乾隆皇帝御书，桥南横联刻“修闻凌波”，桥北横联“灵鼍偃月”。十七孔桥状如初月，人们把它喻为龟颈，桥西南湖岛被喻为龟身，桥东廓如亭为龟头，连同廓如亭外的铜牛，分别构成了“犀牛望月”、“神龟卧波”的美景。而在昆明湖西侧，稻田连绵，西堤绰约，风光旖旎，象征织女居住的地方，与东岸的“牛郎”（铜牛）隔“天河”（昆明湖）遥遥相望，构成了浪漫的“耕织图”景致。

图 139　万寿山牌楼

万寿山前面

【图 140】、【图 141】、【图 142】、【图 143】、【图 144】

自“云辉玉宇”牌楼北望，是颐和园南北中轴线上的核心景观建筑组群。万寿山南腰有颐和园最高的建筑佛香阁，佛香阁、排云殿、排云门和云辉玉宇牌楼，均在一条中轴线上。象征着神权的佛香阁高高在上，主宰一切，气势凌人，为慈禧做寿的排云殿则在轴线的中间。整组建筑充分体现了佛经中描绘的仙山琼阁的天国境界。

排云殿建筑群始建于清乾隆年间，时称“大报恩延寿寺”，1860 年被英法联军焚毁。光绪十二年（1886 年）慈禧重建，改大报恩延寿寺下半部分为排云殿建筑群。据说，最初慈禧想把这里作为寝宫，但在殿刚落成时慈禧大病一场，她以为此处距佛门侧境“佛香阁”太近，不适宜长期居住，于是改寝宫在乐寿堂，排云殿只作为她举行万寿庆典的地方。在祝寿的时候，二品以上的官员跪拜在排云门内，而三品以下者则在门外，光绪皇帝在二宫门正中跪拜，慈禧则坐在排云殿内的九龙宝座上接受拜贺。

排云门是排云殿的大门，是万寿山南北中轴线与长廊东西中轴线的交会点。门前耸立着“云辉玉宇”牌楼，两只精美的铜狮分列两旁。门阔五间，单檐正脊歇山顶，前部连接长廊，廊外有十二块姿态各异的太湖石，喻意十二生肖，又叫“排衙石”；后部两侧接庑房。排云门内是排云殿建筑群的第一进院落，院东面为玉华殿，西面为云锦殿，皆面阔五间，单檐正脊歇山顶。院中有一方形水池，上架金水桥，池周围以护栏。二宫门为三间屋宇式歇山顶大门，有楹联曰：“宝祚无疆万年锦茀绿；天颜有喜四海庆蕃厘”；东西两侧有庑房相连，两侧庑房正中辟小门，门前有台阶。二宫门内为第二进院落，左右各有一座配殿，西为紫霄殿，面阔五间，单檐正脊歇山顶，原为大报恩延寿寺真如殿；东为芳辉殿，原为大报恩延寿寺妙觉殿。正中为排云殿，专供慈禧庆寿使用，重檐正脊歇山顶，饰黄色琉璃瓦。大殿建于原大报恩延寿寺大雄宝殿基址之上，殿名源于晋代诗人郭璞“神仙排云出，但见金银台”的诗句，寓意此处为仙人居所、长生不老之地。排云殿左右两侧均有朵殿，重檐歇山顶，面阔三间，北侧两翼有廊。排云殿后是德辉殿，是帝后到佛香阁礼佛时更衣休息的场所。原为大报恩延寿寺多宝殿，大殿面阔五间，单檐正脊歇山顶，前出廊，两翼有爬山廊与排云殿相连。整个排云殿建筑群有廊庑相接，殿角重重叠叠，琉璃五彩缤纷，气势宏伟。

排云殿建筑群之东西两侧各有前后两进院落，其东侧为介寿堂，西侧为清华轩。院中房屋相对低矮，屋顶形制基本为低级别的卷棚硬山顶，清代均为命妇退居之所。介寿堂原为乾隆年大报恩延寿寺慈福楼基址，院内有乾隆时的连理柏树和紫玉兰各一株，颇为名贵。清华轩前身为大报恩延寿寺的五百罗汉堂，前院有八角形水池、汉白玉石桥以及乾隆御制平定准噶尔碑等遗物。光绪重修时，取东晋谢混《游西池》“水木湛清华”的诗意命名。

德辉殿为穿堂殿，后有高 21 米的石砌四方高台，台前有正反“八”字形 114 级楼梯——“朝真磴”，由此向上可通往佛香阁。佛香阁建于乾隆二十三年（1758 年），为大报恩延寿寺之一部，原计划建一座九级佛塔延寿塔。建到第八层时乾隆帝下令拆毁，仿武昌黄鹤楼改建阁楼，成为现在式样的佛香阁。阁高 41 米，八面三层四重檐，阁内有八根铁梨木大柱，进贯顶部。1860 年佛香阁被英法联军烧毁，光绪十七年（1891 年）重建，耗银 78 万多两，1894 年竣工。下层榜曰“云外天香”，中层榜曰“气象昭回”，上层榜曰“式延风教”，正中悬“佛香阁”大匾额。佛香阁是颐和园的中心建筑，内供奉有 5 米多高的金身佛香。每月初一、十五日，慈禧在此烧香礼佛。

佛香阁后的山上围有高墙，东西两侧的假山石上坐落着两座小亭子，东为敷华亭，西为撷秀亭。沿敷华亭外的石阶下去，可通东面的转轮藏，这是一组木结构宗教建筑群，由正殿、两座安放轮藏的彩亭和万寿山昆明湖碑组成，是清朝帝后贮藏经书、佛像和念经祈祷的地方。乾隆时仿杭州宋代法云寺藏经阁修建，结构精巧秀美，1860 年英法联军焚掠清漪园时幸免于火患，但遭洗劫，1886 年重新大修。当中正殿三层，三连四方顶，东西两座两层单檐八角攒尖彩亭，内各有一座贮放经文的塔形木架，中心木轴通地板下，塔下有地道，轴上有转把。当帝后祈祷时，由太监推动转把，木塔即转，每转一轮，表示阅经一遍。两座配亭之间的高台上立有一座石碑，建于 1751 年，正面刻“万寿山昆明湖”六字，背面刻《万寿山昆明湖记》，记述了昆明湖的历史沿革和营建，皆为乾隆帝御书【图 140】、【图 144】。

沿撷秀亭外的石阶下去，可通西面五方阁建筑群，这是一组以宝云

图 140　万寿山前面

阁铜殿为中心，由山门、角亭、游廊、正殿等围合成方形院落。其布局象征佛教密宗的“曼荼罗”，意喻“万德圆满”、众神聚集，“五方”表示聚五方之色，寓意天下归心，四海升平。1860年英法联军焚毁宝云阁外的四座建筑，光绪年间又重建。五方阁中央的汉白玉石台基上耸立着著名的“铜亭”——宝云阁，建于1755年，全部用铜铸成，高达7.55米，共用铜41400斤。阁上的精细花纹采用传统的拔蜡法铸造，工艺异常复杂，水平相当高超，这里是喇嘛们为帝后祈福求寿的念经祈祷之处。这座独特的建筑，遭受英法联军和八国联军的两次破坏之后，门窗全无，只剩下空亭子和供桌。1945年日本侵略者又将铜供桌和颐和园内的大量铜铸太平水缸盗走，不料行至天津时，日本宣布战败投降，这些珍贵的文物得以运回故地【图140】。

颐和园内万寿山和昆明湖布局奇妙，设计精巧，这是古人有意而为之，有着深刻的隐喻。据说当年为了给太后祝寿修建清漪园，皇帝下令要在园林中体现“福、禄、寿”的意境，名称方面，乾隆十五年将“瓮山”改名为“万寿山”，“瓮山泊”（明代亦称西湖）改名为“昆明湖”。而整体规划则由清代皇家建筑设计总管的煌煌望族“样式雷”总负责，雷家第七代雷廷昌巧用心思，完成了皇上交待的任务。他扩大湖面，将人工湖挖成一个寿桃的形状。寿桃的梗蒂是西宫门外的引水河道，斜贯湖面的狭长西堤，构成了桃体的沟痕，寿桃的尖角，偏向东南方向的长河闸口。南湖岛和十七孔桥设计成龟状，寓意长寿。万寿山佛香阁两侧的建筑群设计成蝙蝠两翼的形状。万寿山下濒临昆明湖北岸的轮廓线，明显呈一个弓形，弓顶部探入湖面的“云辉玉宇”牌楼，为蝙蝠的头部。向东西两端伸展的长廊，恰似蝙蝠张开的双翼；东、西段长廊探入水面的对鸥舫和鱼藻轩，恰似蝙蝠的两只前爪。整体看来成了一只蝙蝠，蝠同“福”，寓意多福。清漪园连续施工15年，终于建成大型皇家园林。昆明湖东扩，西山一带的泉水尽汇湖中，又将湖水一分为三，在三个水域中营造出三座岛屿，以合“一池三山”的仙境。大功告成后，乾隆皇帝龙心大悦，对清漪园情有独钟，咏出了“何处燕山最畅情，无边风月属昆明”的诗句。登佛香阁南望，居高临下，昆明湖形若大寿桃，万寿山前建筑群如展翅飞翔的蝙蝠，竟是一幅“福山寿海”的图案【图143】。

图141　万寿山排云殿与佛香阁

图 142　万寿山佛香阁后面

图 143　万寿山殿门摆列之景

图 144　万寿山昆明湖碑

智慧海

【图 145】

佛香阁后面的佛教建筑“智慧海”及其南面牌坊式山门“众香界”，居高临险，十分壮美。智慧海在万寿山巅，位于前后山坡的中心，亦是山南建筑群南北中轴线的北终点，与昆明湖北岸的“云辉玉宇”牌楼遥相呼应。智慧海原为乾隆年间修建的大报恩延寿寺的最北部分，是一座砖石料结构的两层建筑，外形为仿木结构歇山顶殿堂，由纵横相间的拱券结构组成，殿顶部有三座类似于北海白塔的藏传佛教小塔。佛殿外墙壁以黄绿两色琉璃砖瓦装饰，其间镶嵌了1008尊琉璃佛像，色彩绚丽，构图精美。殿前石额题刻“智慧海”，殿内供奉无量寿佛以及各式大小佛像40多尊。因整座殿没有枋檩承重，故称为“无梁殿”，又因殿内供奉了无量寿佛，所以也称为“无量殿”。众香界是智慧海前的砖石结构三间七楼琉璃牌坊，两侧有砖墙连接。牌坊的正楼石额题“众香界”，两次楼额刻双龙图案。

“智慧海”一语出自佛教《无量寿经》“如来智慧海，深府无崖底”，意在称颂如来佛智慧如海，佛法无边。众香界是佛国的地名，源自佛经《维摩经》，“有国名众香，佛号香积”，“积香如来之净土为众香国，其楼、阁、苑囿皆香，香气通流十方无量世界”。牌坊和无梁殿前后的石额题刻依次为“众香界”、“祇树林”、“智慧海”、“吉祥云”，恰构成佛家的一首三字偈语。“祇树林”指祇园精舍，是古印度最早的两座佛寺之一，佛祖释迦牟尼觉悟后，曾在祇园精舍住了25年之久，佛祖的大部分经典都在此宣讲的。后世常将祇园或祇树林泛指为寺院。“吉祥云”语出《地藏菩萨本愿经》：“慈因积善，誓救众生，手中金锡，振开地狱之门。掌上明珠，光摄大千世界。智慧音里，吉祥云中，为阎浮提苦众生，作大证明功德主。”有佛国、佛祖、佛法、本愿，这里俨然成为佛门圣地。

1860年英、法联军八国联军入侵北京，火烧颐和园、清漪园，智慧海佛殿没有木料，虽未毁于大火，但侵略者却砍下了四面墙壁上所能够着的佛像头。后又遭八国联军抢劫破坏，直至1983年重修，才修补齐损毁的佛像272个，而殿内佛像现仅存数尊。

图 145　智慧海

万寿山后宝塔

【图 146】、【图 147】

万寿山山脊以北俗称后山，山下有后湖，景区以清幽和宗教色彩见胜。过智慧海往南，就是四大部洲等建筑群，建于乾隆年间，是一组布达拉宫式建筑，由东胜身洲、南赡部洲、西牛货洲、北俱卢洲四大部洲和八小部洲、日台、月台及红、绿、黑、白四座喇嘛塔共十八座建筑组成，中心为象征须弥山的佛殿香岩宗印之阁。四座喇嘛塔代表佛教中的四智：大圆镜智、妙观察智、成所作智、平等性智，该塔为其中之一。塔建在砖砌方形台上，基座为八角形须弥座；塔身有上下锥体圆形外观的双塔肚，塔肚上刻有法轮。塔身之上为十三层环状相轮，象征佛教"十三天"。相轮上是双层铜制华盖，象征"风"，下层华盖边缘悬挂一圈铜钟。塔顶部为镏金火焰宝珠塔刹，上有铜制的"日"、"月"和"火焰"，以示"佛法"如日、月、火焰一样光芒四射。由于侵略者的破坏，这座喇嘛塔的相轮已残缺不全，华盖与塔刹皆被毁坏。照片中该塔的下方，可见另一座塔——多宝琉璃塔【图 147】。

多宝琉璃塔也称"多宝佛塔"，矗立在万寿山后山东部的半腰，建于乾隆十六年（1751年），是皇帝为庆祝太后六十寿辰而造，并亲笔撰写了《御制万寿山多宝佛塔颂》。颂中说到，多宝佛塔可分身为成千上万个，只要听到有人在念《法华经》时，塔就立即从他面前的地下涌出。佛教颂文中以"恒河沙"来比喻多宝佛分身的数目，涌出的多宝佛塔就像恒河中的沙子一样多得数不清。乾隆皇帝以多宝佛塔来称颂皇太后的慈悲功德，为太后祈福，祝她健康长寿。

多宝琉璃塔造型奇特，楼阁式与密檐式相结合，塔坐南向北，照片所见为塔的西面。塔的东西南三面砌有朱红围墙，院门朝北，门口树立一座木结构二株一楼出头绿琉璃瓦牌坊，对面是汉、满、蒙古、藏文镌刻的《多宝琉璃塔颂》石碑。整座塔用黄、绿、青、蓝、紫五色琉璃砖镶嵌而成，塔身呈不等边的八角形，共分为七级，通高 16 米，塔底座为一层雕刻着精美图案花纹的汉白玉须弥座。多宝塔黄碧彩翠，错落相间，琉璃璀璨，色彩变幻，多姿多彩，塔身细长苗条，成为颐和园后山自然山水景色中极好的点缀。多宝琉璃塔身的一、三、五层比较高大，为楼阁式，东西南北四面正中各设一拱券形佛龛，龛中置结跏趺坐式琉璃佛像；在楼阁式塔身的四周，围以镂空琉璃护栏。二、四、六、七层比较矮小，好似重檐楼阁。大佛龛的周围和塔身的另外四面，密布小佛龛，内置坐式佛像，凡大小佛像共有580尊。塔身上部有琉璃砖仿木式斗拱，承托着塔檐；每层塔檐的颜色各不相同，第一层和第七层为金黄色，第二至五层依次为绿、紫、青、蓝、青。塔檐的八角下，各悬一枚铜铃。塔顶上置有华盖，周圈悬铜铃，上为铃铎式刹身，再上为刹顶，整座塔刹均为铜制，外镀黄金。

历经清末两次战火劫难，多宝塔周围房舍悉被破坏，而塔至今保存完好，弥足珍贵【图 146】。

图 146　万寿山后宝塔（一）

图 147　万寿山后宝塔（二）

图 148　昆明湖清晏舫

昆明湖清晏舫

【图148】

在万寿山西麓，长廊西端湖岸边有一条大石船，建于乾隆二十年（1755年），这是颐和园唯一带有西洋风格的建筑，其前身是明朝圆静寺的放生台。乾隆修清漪园时，改台为船，船用大理石雕刻堆砌而成，长36米，船上设单层中式木质结构楼房，从此更名“石舫”。1860年，石舫上阁楼被英法联军烧毁，仅存石质船体。光绪十九年（1893）重建时，仿翔凤火轮样式，在两侧增添了石刻机轮，改成西式舱楼，1903年加筑一层木结构的西式层楼，船底花砖铺地，窗上装嵌彩色玻璃，顶部采取砖雕装饰，显得精巧华丽。石舫还有内排水设计，船体上有四个龙头突出在外；每逢下雨时，舱楼顶部的雨水通过四角空心柱流进龙口，再吐入湖中。重修后取“河清海晏”之义，更名为“清晏舫”。

乾隆在《石舫记》中写道：“若夫凛载舟之戒，奠磐石之安，虚明洞达，职思其居，意在思乎。”其用意是引用唐朝魏征告诫唐太宗所说“水能载舟，亦能覆舟”的典故，想建造一艘永不能覆的石船，象征大清的江山稳如磐石，永不覆灭。每年四月初八“浴佛日”，乾隆陪着母亲孝圣皇太后至此放生，以示善心。放生之后，由嫔妃、宫女们陪同孝圣太后在湖中垂钓。光绪时，石舫仍是放生、垂钓的地方。慈禧还在上下楼各放一面大镜子，可以反射昆明湖水的波纹，坐在镜前有如在水上漂荡之感。慈禧常在石舫上饮茶作乐，观赏湖山景色。

乾隆二十年修造石舫时，大清王朝正当盛世，一派繁荣，府库充裕，版图广阔。乾隆皇帝踌躇满志，以期石舫“持盈保泰”，“永不能覆”，情怀自得，可见一斑。时过境迁，盛世不再，列强侵扰，国家破碎，清漪园满目疮痍。但慈禧老太后游玩兴致不减，挪用海军经费白银500万两，用于修缮清漪园，石舫更名“河清海晏”，河清否？海晏否？没关系，太平是可以粉饰的。谁说太后不关心边疆守卫、国土安全，我们不是在昆明湖操练水师吗？过了不到两年多时间，昆明湖畔的石船依然“永不能覆”，但北洋水师在甲午海战中全军覆没，御敌卫国的战舰却永远沉在了黄海万里波涛的海底。又过了5年，八国联军攻进北京，老太后惊恐万状地换上汉族农妇装束，乘着普通骡车狂奔出城，途经颐和园，再也没兴致上石舫观水、垂钓，也来不及转运园中财宝。据说她只喝了几口延年井的水，就带着光绪皇帝逃之夭夭了。

天坛圜丘

【图149】

中国古代帝王自称“天子”，他们对天地非常崇敬，每个皇帝都把祭祀天地当成一项非常重要的政治活动。北京天坛是唯一完整保存下来的中国古代祭天坛庙建筑群，始建于明永乐十八年（1420年），初名天地坛，嘉靖年间，立四郊分祀制度，改称天坛。清乾隆、光绪两次大规模维修改建后，形成今天坛公园的格局。天坛占地272万平方米，相当于故宫面积的近4倍，有两重垣墙，形成内外坛，坛墙南方北圆，称“天地墙”，象征天圆地方。无论在整体布局还是单一建筑上，风格独特的天坛都反映着天地之间的关系，这一关系在中国古代宇宙观中占据着核心位置；同时，还体现出帝王将相在这一关系中所起的独特作用。建筑方面，全部宫殿、坛基都朝南成圆形，以象征天。布局方面，天坛的主要建筑均位于内坛，从南到北排列在一条直线上。内坛位于外坛的南北中轴线以东，主要建筑圜丘坛和祈年坛又位于内坛中轴线以东，这些都增加了西侧的空旷程度。外坛墙东、南、北三面均无门，只西边有两座大门——圜丘门和祈谷门（也称天坛门），人们从西边的祈谷门进入天坛后，视野豁然开朗，顿感上天的伟大和自身的渺小。

圜丘坛在天坛内坛的南部，皇穹宇正南方，是皇帝祭天的地方，又称祭天坛、拜天台、祭台。明永乐以后，每年冬至、正月上辛日和孟夏（夏季的首月），帝王们都要来天坛举行祭天和祈谷的仪式。如果遇上少雨的年份，还会在圜丘坛进行祈雨。圜丘坛始建于明嘉靖九年（1530年），原为蓝色琉璃台，清乾隆十四年（1749年）扩建，将坛面、栏板、栏柱改换北京房山特产的“艾叶青”石。

圜丘坛是一座露天的三层圆形石坛，坛周长534米，坛高5.2米，周边均有精雕细刻着云龙图的汉白玉栏杆、栏板。各层栏板望柱及台阶数目均用阳数（又称“天数”，即九的倍数），用以象征天，同时寓意“九五之尊”。每层东西南北四面各有九级台阶。顶层坛中心的圆形石板，叫天心石。天心石的外层是扇面形石块，共有9环，最内一环有9块石块，每往外一环就递增9块，直至“九九”81块；中层坛从第十环开始，即有90块扇面石，直至十八环有扇面石126块；下层坛从十九环开始，至第二十七环有扇面石243块。三层坛共有378个“九”，合计用扇面石3402块。这种排列是象征九重天的意思，即第一重日天；第二重月天；第三重金星天；第四重木星天；第五重水星天；第六重火星天；第七重土星天；第八重二十八宿天；第九重为宗动天，即上帝的起居室。三层栏板的数量分别是：上层栏板72块，中层108块，下层180块，共360块，合周天度数。上层坛面直径9丈，中层15丈，下层21丈，都为奇数（阳数），三层坛面的直径总和为45丈，也是9的倍数。圜丘坛外有两道围墙，外方里圆，象征着“天圆地方”；两道围墙东南西北各辟一列门，每列门有三座，均为二柱一间出头牌楼式石门，门之间以墙相连；中间的门最大，正对三层台阶。照片所见为里面的一道圆形围墙。

每年祭天时，皇帝自西边牌楼下轿，然后步入昭亨门，到圜丘坛。此时，在坛台中央的天心石（亦称太极石）上供奉着皇天上帝牌位，外面支搭蓝色缎幄帐，象征皇天上帝居住在九天之上。祭礼庄严神秘，皇帝在这里祭天念词，周围即起回音，声如洪钟，似万人呼应，就如同上天降下神谕一般。封建统治者称这种现象为“上天垂象”，是天下万民对于朝廷的无限归心与一致响应，并赋予天心石“亿兆景从石”的美名。其实，这种现象是声波被阻的回音。因为坛面光滑，从圆心石发出的声波能够快速地向四面八方传播，碰到周围的石栏以后，就同时从四周迅速反射回来，与原声会合。又由于圜丘坛的半径较短，所以回声很快，据测试，从发音到声波返回到圆心的时间，总共只有0.07秒，人的耳朵根本无法分清它的原音和回音。几重声波叠加，于是音量加倍，共鸣性回音就格外响亮。

1900年，八国联军曾在天坛斋宫内设立司令部，在圜丘坛上架设大炮。

图 149　天坛内圜丘及其门

图 150　天坛内皇穹宇

皇穹宇

【图 150】、【图 151】

皇穹宇是圜丘坛的附属建筑，是供奉圜丘坛祭祀神位的场所，祭天时使用的祭祀神牌都存放在这里。它始建于明嘉靖九年（1530 年），初名泰神殿，十七年（1538 年）起改称皇穹宇，是圜丘坛的附属建筑。明代时皇穹宇建筑构造与今不同，殿檐为双重，绿色琉璃瓦。清乾隆十七年（1752 年）重修，改殿檐为单檐攒尖式，镏金宝顶，琉璃瓦全部换成蓝色，以象征天。大殿直径 15.6 米，高 19.02 米，坐落在 2 米多高的圆形须弥基座上。基座周围有护栏、出水龙头，东、南、西三面有台阶，南阶中部有“二龙戏珠”石雕。殿正面安装门和槛窗，饰以彩绘菱花图案木雕，背面为弧形磨砖对缝墙壁。大殿内没有横梁，全靠八根金柱和八根檐柱和众多的斗拱共同支撑起巨大的殿顶，三层天花藻井层层收进，藻井中心绘大金团龙，周围有 360 条金龙，象征周天 360 度。殿内正面是一座汉白玉雕花圆石座，上设神龛，供奉“皇天上帝”的神牌，牌上刻金色满、汉文字。殿内东、西两侧各设四个方形石座，供奉皇帝祖先牌位。正殿东西各有配殿，面阔五间，单檐歇山蓝琉璃瓦殿顶，东殿供奉大明之神（太阳）、北斗七星、金木水火土五星、周天星辰等神牌，西殿供奉夜明之神（月）、云、雨、风、雷诸神牌。皇穹宇南面为三座并列的蓝琉璃瓦庑殿顶券形大门。大门连接一堵圆形围墙，环绕正殿和配殿，墙高 3.72 米，厚 0.9 米，直径 61.5 米，周长 193 米。墙身用临清砖磨砖对缝，蓝琉璃筒瓦顶，墙面平整光洁，能有规则地传递声波，回音悠长，这就是著名的“回音壁”。

皇穹宇殿前到大门的甬道以大长方石板铺就。站在殿前第一块石板上说话，可听到一声回音；在第二块石板上，可听到回音两声。在第三块石板上，敞开殿门，紧闭全殿窗户，面对殿门说话，在殿外任何地方都可以听到洪亮的三声回音，故称这块石板为“三音石”，又称“三才石”，即取天、地、人三才之意。由于回声自供奉“皇天上帝”的皇穹宇内发出来，故有“人间偶语，天闻若雷”之说，又称为“天闻若雷石”。这是因为“三音石”恰好位于回音壁的圆心上，当声音发出后，声波就沿半径传播，经回音壁反射后，又沿原半径返回圆心，形成第二次声音；复又沿半径又传向回音壁，反射后又会集到圆心，形成第三次声音。若站在殿前第十八块石板上，可与相距 36 米之遥的东配殿东北角或西配殿西北角上的人对话，虽然彼此都看不见，但声音却清晰如常，这块石板称为“对话石”。

在皇穹宇的回音壁北面又有一道红色隔墙，东西延伸连接内坛垣墙，将内坛分割为南北两部分。隔墙以南的内坛墙东、南、西三面各有一大门，东曰泰元门，也称东天门；南曰昭亨门，也称南天门；西曰广利门，也称西天门；隔墙中段呈半圆向北凸出，正中辟成贞门，也称北天门，成贞门位置正好在隔墙与内坛南北中轴线交界的地方。四座天门名称的第二个字顺序排列为元、享、利、贞，正是《周易》的“乾卦四德”。成贞门以南的院落，有皇穹宇和圜丘坛坐落在南北中轴线上。过成贞门往北，经长 360 米、宽 29.4 米、高 1～3 米的砖石甬道——神道或称丹陛桥，可直至祈谷坛、祈年殿。

图 151　天坛内皇穹宇内部

祈年殿

【图152】、【图153】

祈年殿是祈谷坛内的主体建筑，是天坛内最早的建筑物。该殿始建于明永乐十八年（1420年），初名大祈殿、大享殿，原为矩形大殿，用于合祀天、地；嘉靖二十四年（1545年）改为三重檐圆殿，殿顶覆盖上青、中黄、下绿三色琉璃，寓意天、地、万物；乾隆十六年（1751年）修缮后，三重殿檐统一覆蓝瓦，改名为祈年殿。光绪十五年（1889年），祈年殿毁于雷火，据说大殿的沉香木柱子在燃烧时，清香的气味数里之外都可以闻到，后按原样重建，1896年完工。

祈谷坛是举行孟春（正月）祈谷大典的场所，在天坛内坛的北部，四周有方形坛墙上，东南西北各设天门。祈年殿是祈谷坛的祭坛，为坛殿结合的圆形建筑，根据古代“屋下祭帝”的说法建立的。祈年殿北的一座五间单檐庑殿蓝琉璃瓦顶殿宇为皇乾殿，是贮放“皇天上帝”和皇帝祖先牌位的地方，又叫祈谷坛寝宫，祈年殿南面有祈年门及东西配殿各九间。出祈谷坛南天门为丹陛桥，直达皇穹宇北面的成贞门。丹陛桥又称神道或海墁大道，长360米，宽29.4米，南端高1米，由南边的成贞门向北边的祈谷坛南天门，逐渐升高，最高处达3米。出祈年殿大门，极目南眺，神道笔直，往南延伸，一路门廊重重，越远越小，无穷无尽，似有立于天宫的感觉。

祈年殿是一座直径32.72米的圆形建筑，总高38米，蓝琉璃筒瓦三重檐圆攒尖镏金宝顶，以天蓝色的琉璃瓦来象征天。若依中国古代长度单位来看，祈年殿亦暗含“天数”和天象，殿高九丈九；殿顶周长30丈，表示一个月30天。祈年殿在建筑上的出色之处是，不用大梁和长檩，仅用28根楠木大柱和36块互相衔接的榜、桷，支撑着三层连体的殿檐。这些楠木大柱数目排列切合天象，有不同的象征意义：中央4根龙井柱支撑上层屋檐，高19.2米、直径1.2米，象征四季；中圈12根金柱支撑第二层屋檐，象征一年十二个月；外层12根檐柱支撑第三层屋檐，象征一天十二个时辰；中层和外层相加凡24根，象征二十四节气，三层柱总共28根，象征周天黄道二十八星宿。再加柱顶的八根童柱，代表三十六天罡；宝顶下为雷公柱，代表天下一统。殿内梁枋施龙凤和玺彩画。殿顶相应设置三层天花，顶部中间为龙凤藻井，四周彩绘金描龙凤和玺图案，整座殿堂显得富丽堂皇。殿内地板的中央有一块平面圆形大理石，这便是“龙凤石”，与藻井相映成趣，石面上天然形成的花纹看起来像是一条行龙抱着一只凤凰，即“龙凤呈祥”。相传，这块石头上原来只有凤纹，而殿顶藻井内只有雕龙，年长日久，龙、凤心有灵犀，金龙常常飞下来与石上的凤凰寻欢。不料有一天正遇见嘉靖皇帝来祭天，在石上跪拜行礼，金龙来不及飞回去，被嘉靖皇帝压进圆石里面，再也无法出来，从此变成一深一浅的龙凤石。1889年祈年殿被焚烧时，这块龙凤石被烈火熏烧了一个昼夜，石块虽未被烧碎，但龙纹被烧成浅黑色，凤纹被烧得模糊不清。祈年殿坐落在面积达5900多平方米的圆形汉白玉基坛上，坛分三层，通高6米，气势巍峨，下层直径91米，中层直径80米，上层68米，每层都有雕花的汉白玉栏杆。

祈谷祭祀的礼节和圜丘祭天差不多，礼乐完备，钟鼓齐鸣。皇帝身穿祭服，虔诚步入祈年殿，向牌位行大礼，祈祷上苍，风调雨顺，五谷丰登，然后将供品送到祈年门外东边的燔柴炉和燎炉焚烧，以飨苍天。这样的祭典在天坛延续了数百年，直到1916年，野心勃勃的袁世凯在“登基”的时候，也曾经在天坛上演了一出声势浩大地的“皇帝”祭天闹剧。从此，流传两千多年的祭天正式拉上了帷幕。1917年7月1日，“辫帅”张勋拥前清宣统小皇帝复辟，张勋曾在祈年殿设司令部，与段琪瑞巷战。仅仅12天后，复辟丑剧就在万人唾骂声中收场。1918年，天坛作为市民公园开放。

图 152　天坛内祈年殿

图 153　天坛内祈殿里面

图 154 先农坛内门

照片所见近处的大门为先农坛内坛的东门，砖石结构，砖柱间额枋上置三踩单翘磨砖斗硕，单檐歇山黑琉璃瓦绿剪边，有三个券形门洞。透过中间最大的门洞，可以看到前方一座相同形制的大门——先农坛外坛的东门，出外坛东门，正对东西向的先农前街，街东头为天坛外坛墙。明清时期，先农坛外坛墙和天坛外坛墙之间是广阔的空地，今辟为永定门广场。外坛墙早已杳无踪迹，现仅存内坛墙，宽 2.2 米，高 4.1 米，墙顶置木椽望板，上为筒板瓦面。墙体本为夯土，乾隆时在外层包上淌白糙砌城砖。

先农坛

【图 154】

先农坛创建于明永乐年间，成祖迁都北京后，于永乐十八年（1420年）“悉仿南京旧制”，于正阳门西南建山川坛，合祀先农、山川、太岁等自然界神灵。山川坛与天地坛东西相对，两大组建筑群在中轴线南端遥相呼应。二坛皆有两重垣墙，形成内外坛，坛墙呈北圆南方的石碣形，象征“天圆地方”。山川坛外坛墙南北长约1424米，东西宽约700米；内坛墙南北长约446米，东西宽约306米。因皇帝自诩“真龙天子”，故山川坛就比天地坛“瘦”了许多，占地面积130万平方米，不足天坛的一半。明嘉靖十年（1531年），罢一坛多神祭祀的格局，于内坛墙南部增设天神坛、地祇坛，将山川坛更名神祇坛。万历年间，坛内又陆续增建了旗纛庙、神仓、斋宫等，并更名为先农坛。清乾隆十八年（1753），撤旗纛庙，建神仓；改建观耕台和斋宫，又御旨遍植树木，增加坛内幽静、肃穆的气氛。此后，先农坛的整体格局一直相沿至今，共有五组主要的建筑群：庆成宫、太岁殿、神厨、神仓、俱服殿，另有坛台四座：观耕台、先农坛、天神坛、地祇坛。

1900年八国联军侵占北京，美国军队驻扎先农坛，大肆掠夺和破坏坛内文物，还砍树拆门，生火做饭。光绪三十三年（1907年），停止皇帝亲祭礼仪，先农坛开始废弃。民国以后，先农坛逐渐衰败，1915年，内坛被辟为先农公园对外开放，1918年改为城南公园。后来很多坛内建筑被拆除，1936年，在原址东南角盖起北平公共体育场，后更名先农坛体育场。解放后，先农坛由学校及工厂、单位、体育场及民居等占用。后腾退部分单位和民居，对文物进行了维修和保护，今开放部分占原有古建筑的八成，现在坛内设有北京古代建筑博物馆。

庆成宫

【图 155】

先农坛内坛东门和外坛东门之间有宽约265米的空间，二门直线北侧（即照片左侧）不远的内坛东墙外，有庆成宫建筑群。庆成宫是皇帝祭祀和亲耕后休息并犒劳百官的地方，始建于明天顺二年（1458年），原称斋宫。乾隆十八年（1753年），大规模修缮先农坛，撤旗纛庙，建神仓；改建观耕台和斋宫，并更名庆成宫。庆成宫建筑群有内外两个大的院落，院内所有建筑及围墙全部覆绿琉璃瓦，中轴线上建筑从南向北依次为宫门、内宫门、大殿、后殿；大殿和后殿之间院落的东西两侧有配殿。照片中所见为大殿，单檐庑殿绿琉璃瓦顶，五踩单翘单昂镏金斗拱，庑殿式屋顶是封建等级建筑中的最高形式，先农坛内的所有建筑中，仅此一处，足见其规格之高。大殿通面阔五间，27.2米；进深三间，15.24米，梁柱施金龙和玺彩画。殿前檐五间通开格扇门，后檐明间设门，通往后殿。殿前部台基和月台均用汉白玉砌筑，石栏采用云龙望柱，石柱础下有吐水龙头；三面出阶，正面台阶九级，台阶中有雕龙云纹丹陛，两侧台阶各七级。殿前台基下东置日晷，西置嘉量。大殿后可见东西配殿的硬山卷棚屋顶。

解放后庆成宫为学校占据，2000年收归文物部门管理，现正在进行大规模的抢救性修缮。

图 155　先农坛内庆成宫

图 156　观耕台

观耕台

【图 156】

自先农坛内坛东门向西直行约100米，有一座方形台，这就是“观耕台”，是皇帝在行躬耕礼后观看众臣从耕的地方。观耕台本来只是一座每年耕祭礼仪时临时搭筑的木结构平台，清乾隆十八年（1753），改为砖石琉璃建筑。台广五丈高五尺，即18米见方，高1.9米；台座四面饰以谷穗图案的琉璃砖，台上四周围有汉白玉护栏，云龙望柱；四面各有台阶九级，台阶踏步由汉白玉条石砌成，侧面饰有莲花图案浮雕。

每年仲春（二月）或季春（三月）吉亥之日清晨，皇帝着礼服乘龙辇出紫禁城，午门鸣钟，不从耕的官员按级别分别在午门、内外金水桥南叩送，从耕官员在先农坛候驾。到达先农坛后，皇帝率众臣在先农神坛恭恭敬敬祭拜先农，然后到具服殿更换龙袍准备亲耕。从耕官员及耆老、农夫等各就各位。更衣毕，礼部官、太常寺官奏请皇帝行耕籍礼。耕田在观耕台南面，是皇帝行劝课天下的示范性耕田，面积恰好为“一亩三分地”，分做十二畦，皇帝亲耕的部分设在正中，农具、耕牛、谷种等早已摆放妥帖。礼部司官三挥红旗，礼部尚书跪奏皇帝出具服殿，户部尚书跪进耒，顺天府尹跪进鞭，于是皇上左手执耒，右手执鞭，耆老二人牵黄牛，农夫二人扶犁。鸿胪寺官唱赞仪式开始，皇帝在太常寺官员的引导下开始行耕籍礼。一时间鼓乐齐鸣，禾词歌起，旗幡飘扬。皇帝执耒扬鞭亲行农事，身后顺天府尹手捧青箱，户部侍郎握种播撒，协助皇帝耕耘。三推三返，完成耕籍礼，耕毕，歌止。户部尚书与顺天府尹跪受耒、鞭，分别放置犁亭、鞭亭。然后，皇帝自南面台阶登观耕台观看王公大臣耕作。从耕的三王九卿依次接受耒、鞭，行五推五返、九推九返之礼。余下的耕作任务，由顺天府尹偕大兴、宛平县令率农夫完成。耕籍礼成，皇帝从东侧台阶下观耕台，起驾出坛，一路仪仗、鼓乐护送，返回皇宫。明清两代，十分重视劝农耕桑，祭农、亲耕之礼是关系国计民生的国家重典。

1997年，北京市文物局收回具服殿、观耕台。如今观耕台尚在，而“一亩三分地”却成为了学校的操场。

太岁殿

【图 157】、【图 158】

太岁殿建筑群与先农坛内坛南门位于同一轴线，位置在内坛北门西南侧，观耕台西北方，基本处于先农坛内坛的中心地带，是为祭祀太岁及春夏秋冬等自然神灵的场所。建筑群为四合院式，内有四座单体建筑，中轴线从南向北依次为拜殿、太岁殿，东西两侧各有厢房十一间，建筑间用围墙相连。太岁殿是先农坛内面积最广、建筑体量最大、保存最完整的一组古建筑群。

太岁殿雄伟高大，单檐歇山顶黑琉璃瓦绿剪边，七踩单翘双昂镏金斗拱。通面阔七间，51.35米，其跨度仅次于故宫太和殿；进深三间，25.7米。殿宇前檐七间各开四扇槅扇门，其余三面砌墙，格扇为四抹头，菱花为三交六碗。殿外饰绚丽的金龙和玺彩画，内绘古朴典雅的旋子彩图，流光溢彩，庄重而华丽【图 158】。

太岁殿正殿祭祀太岁神，东西配殿祭祀十二月将神。按典制，每年的冬至或翌年的立春，或遇水旱灾害时，皇帝要在此进行祭祀活动。

解放后，太岁殿被学校占用，1987年收归文物部门管理，同期进行了大规模的抢救性修缮。今北京古代建筑博物馆的展览主要集中在这组建筑内。

图 157　先农坛内太岁殿一部分

图 158　先农坛内太岁殿里面

图 159　日坛具服殿里面

日坛具服殿

【图 159】

日坛又称朝日坛，位于朝阳门外东南，明嘉靖九年（1530 年）始建，是明清两代皇帝祭祀太阳大明之神的地方。每年春分日出寅时行祭日礼，逢甲、丙、戊、壬年，皇帝亲祭，公卿重臣相随而至，浩浩荡荡。祭坛以白石砌成，坛面原为红色琉璃，象征太阳，清代改为方砖墁砌。坛周围有红墙，其北面为神库、神厨、宰牲亭、钟楼等；南为具服殿，清乾隆七年（1742 年）改建于坛西北角。具服殿为祭祀之前皇帝休息更衣之所，单檐歇山顶，上覆绿琉璃瓦，面阔五间，进深三间，东西有配殿。照片显示的是大殿内部构造，其坡面木构架为七檩，图中可见两根朱红金柱支撑着其上的五架梁、三架梁、上下金檩、脊檩以及椽子，梁、枋、檩皆饰金龙和玺彩画。

图 160　雍和宫法轮殿里面

雍和宫法轮殿

【图 160】

雍和宫位于北京内城东北角，占地面积66400平方米，有殿宇千余间，初为雍正皇帝未登基时的府邸。清康熙三十二年（1693年），按照贝勒府府邸的规制，康熙皇帝将此处官房分给四皇子多罗贝勒胤禛。次年，胤禛搬进这座“贝勒府”。康熙四十八年（1709年），胤禛晋升为“和硕雍亲王”，“贝勒府”随之升为“雍亲王府”，旧宅也改头换面，声势、规模、建制及人员配备都大大扩展，正门、正殿、寝殿都换上绿色琉璃瓦。雍正皇帝胤禛登基后，旧府改做行宫，正式赐名“雍和宫”，列入“龙潜禁地”。1735年，雍正驾崩，梓宫供奉在雍和宫内雍正帝生前寝殿“永佑殿”，移棺前，昼夜加工，在15天内将主要殿堂改覆黄色琉璃瓦。又因乾隆皇帝诞生于此，雍和宫出了两位皇帝，成了“龙潜福地”，殿宇为红墙黄瓦，与紫禁城规格相同。乾隆九年（1744年），雍和宫改为喇嘛庙，特派总理事务王、大臣管理本宫事务，寺院具有崇佛和供奉清帝祖先的双重职能。此后，乾隆皇帝大兴土木，增建许多寺庙殿堂，使雍和宫规模宏伟，巍峨壮观。

雍和宫中路建筑为寺院的主体，在由南至北约400米长的中轴线上，依次排列着六进崇宏的大殿：雍和门殿、雍和宫殿、永佑殿、法轮殿、万福阁、绥成殿。另外还有东西配殿、“四学殿”（讲经殿、密宗殿、数学殿、药师殿）。整个建筑布局院落从南向北渐次缩小，而殿宇则依次升高，形成“正殿高大而重院深藏”的格局。

法轮殿为第四座主殿，是全庙喇嘛集中念经的地方，殿堂高大，殿中可见僧人们的坐床与长桌。殿左右各有山殿，西为戒坛，东为班禅楼。法轮殿为大式单檐歇山顶，覆黄琉璃瓦，主殿面阔七间，前后廊、前后抱厦面阔五间；大殿呈十字形建筑，殿顶建五座天窗式的暗楼，天窗正脊中间各有一座铜质馏金宝顶，有着浓厚的藏族建筑特色，是汉藏文化艺术的结晶。殿外门楣上悬乾隆御笔满、汉、藏、蒙古四体文字之“法轮殿”匾。殿内北门楣悬乾隆御笔匾“恒河筏喻”，南门楣悬清咸丰帝御笔“妙尽无为”匾，前廊柱横楣上悬“无量寿轮”匾。殿内挂乾隆御笔对联“是色是空，莲海慈航游六度；不生不灭，香台慧镜启三明”。

殿内正中有藏传佛教格鲁派（黄教）的创始人宗喀巴大师的铜质镏金像，像与底座相加共6.1米，虽然是分部铸造，但工艺精湛，浑如一体。宗喀巴两侧设其两大传世弟子班禅大师与达赖喇嘛的宝座。十世班禅与十一世班禅大师均在此为众僧讲经说法，摩顶赐福。宗喀巴大师铜坐像背后面北，陈设有一座高2.5米、宽3米的大型佛教故事题材艺术品——《紫檀木五百罗汉山》，故事取材于古印度王舍城外七叶窟众弟子聚会时的壮观场面。整个山体采选名贵紫檀木雕镂而成，层峦叠嶂、阁塔错落，金、银、铜、铁、锡五种金属铸500尊罗汉置身山间。500尊罗汉法相精美，栩栩如生，罗汉们或对坐论道，或骑鹤飞升，或乘龙遨游，或莲池放生，或相对参禅，或洞中入定，或松下对弈，或吹箫引凤，或坐或卧，或醉或思，或笑或痴，神采惟妙惟肖，造型逼真，姿势生动，雕技精湛。可惜历经战乱，山上罗汉仅存449尊。

五百罗汉山前有一金丝楠木雕成的木盆，传说乾隆帝呱呱坠地后第三天，曾用此盆沐浴，俗名“洗三盆”。“洗三”是中国古代诞生礼中的重要仪式，婴儿出生后第三日，会集亲友为婴儿祝吉，举行沐浴仪式，这就是“洗三”，也叫做“三朝洗儿”。“洗三”的用意，一是洗涤污秽，消灾免难；二是祈祥求福，图个吉利。法轮殿中的这个“洗三盆”又名“鱼龙转生盆”、“鱼龙变化盆”。盆正面左侧刻有一条鱼，右侧刻一条跃出水面的鱼身龙角龙须之真龙，寓意鱼龙转生之意，象征着皇家真龙天子的诞生与龙脉的延续。

图 161　雍和宫法轮殿内五具足

五具足即五供，就是佛像前面陈列的五个供器，因其个数为五，又称“五供一堂”，即一个香炉，一对烛台，一对花瓶。因其种类有三，又称“三具足”，香炉居中间，两侧依次为烛台和花瓶。供具盛放花、涂香、水、烧香、饮食等物品，依次表示布施、持戒、忍辱、精进、智慧等“六度”，是佛教供桌和祭坛上最为普遍的陈设。雍和宫各殿内均有这五种供器，但形质不一【图 161】。

图 162　雍和宫内万福阁

万福阁

【图 162】

出法轮殿向北，便是高 25 米、飞檐三重的万福阁，在整座雍和宫庙宇中最为高大。万福阁建于乾隆十三年至十五年（1748—1750年），阁内各层供奉的小佛像共达万尊之多，因“佛”与“福”音近，故名为万福阁。万福阁形体雄伟，造型独特，其东西两侧是永康阁和延绥阁，各有一条悬空走廊与万福阁相通，称“飞廊”。这种辽金时代风格的建筑形式，只有在敦煌的唐代壁画中有所表现，现存的建筑极少。三阁合一，峥嵘崔巍，宛如仙宫楼阙。

万福阁又称大佛楼，楼内并无隔板，三层相通，一尊迈达拉佛（弥勒佛）巍然矗立。佛高 18 米，地下埋入 8 米，佛身宽 8 米，立于汉白玉须弥座上，体态巍峨。弥勒佛姓“弥勒”,意为“慈氏”，名“阿逸多”，意为“无能胜”；藏地称强巴佛，即未来佛。佛教认为，56亿7千万年之后，强巴佛将接替释迦牟尼而成为佛教至尊，主持来世，广度众生。大佛头戴五佛冠，眉眼舒展，平视前方，神情肃穆，遍身缨络，臂有金钏，手持哈达，其间嵌有松石、琥珀，显示了浓厚的藏地文化风情。大佛只用一整棵名贵的白檀香木雕刻成，此树由七世达赖以大量宝物购自廓尔喀（尼泊尔），经西藏、四川转运京师进贡乾隆皇帝，后由蒙古察汉达尔罕喇嘛设计，由养心殿造办的各行工匠会同中正殿造办佛像的喇嘛工匠进行雕刻造成，工期三年，用银达 8 万余两。然后将佛像以苇毡包护，在外面筑起万福阁。大佛、照佛楼内金丝楠木雕佛龛以及法轮殿中的紫檀木五百罗汉山，被称为雍和宫中的“三绝”。1990 年 8 月，这尊大佛被载入世界吉尼斯纪录大全。

图 163　东黄寺本堂里面（一）

图164　东黄寺本堂里面（二）

东黄寺、西黄寺

【图163】【图164】【图165】【图166】

西黄寺和东黄寺，位于北京德胜门外大街东侧，距德胜门约2公里，合称“黄寺”或“双黄寺”，是为藏传佛教格鲁派所建，因格鲁派僧人着黄色僧袍、戴黄帽，所以该派又称黄教，黄寺因之得名。东黄寺修建于清顺治八年（1651年），西黄寺修建于顺治九年（1652年），二寺毗连，墙门相以，但布局和构造略有不同。今仅存西黄寺，在黄寺大街北侧，现为中国藏语系高级佛学院，是中国藏传佛教最高学府。

东黄寺的前身为一座中土佛教寺院——普静禅林。顺治八年（1651年），活佛恼木汗奉敕在其旧址兴建藏传佛教寺庙，作为喇嘛驻锡之所。西黄寺次年兴建，是为了接待达赖喇嘛。顺治五年时，顺治皇帝邀请五世达赖喇嘛来京会晤。达赖喇嘛于顺治九年二月自拉萨起程，随后在东黄寺附近，择地开始修建西黄寺，以供达赖喇嘛驻锡。当年腊月十五日，达赖喇嘛抵达北京，当日驻锡东黄寺暂住，翌日移居西黄寺。顺治十年二月二十日，达赖喇嘛离京返藏。归藏途中，顺治帝派出礼部尚书觉罗郎球、理藩院侍郎席达礼等携带满、蒙古、藏、汉四种文字的金册、金印赶到代噶，封五世达赖为“西天大善自在佛所领天下释教普通赤喇坦达赖喇嘛”，正式确认了达赖喇嘛在蒙藏地区的宗教领袖地位。

康熙三十三年（1694年），皇帝降旨重修东黄寺。雍正元年（1723年），蒙古王公铸佛像宝塔送西黄寺供奉，寺宇修葺一新。雍正十二年（1734年），第二世敏珠尔呼图克图（青海广慧寺寺主）被封为驻京呼图克图，驻锡东黄寺。乾隆三十四年（1769年），再度重修东黄寺；三十六年，又重修西黄寺；四十五年（1780年），班禅额尔德尼六世来京，皇帝又以西黄寺作为他的安禅之所。从五世达赖、六世班禅开始，历世达赖与班禅，每隔一年都派官员和喇嘛来北京朝贡，照例都驻锡西黄寺。东、西黄寺的兴建，对清初已皈依黄教的蒙古、藏族人民产生了极大的政治与宗教吸引力，来京的蒙古、藏人日益增多，东黄寺之东，又兴建了“蒙古包馆”，在双黄寺一带形成了市廛栉比、屋瓦鳞次民族聚居区。

1860年，英法联军入侵北京，东、西黄寺均遭践踏，寺内建筑严重损坏。1900年，东黄寺再遭八国联军之劫。光绪三十四年（1908年），为接待第十三世达赖喇嘛来京，重修西黄寺。当年九月初三，达赖抵达北京，驻锡西黄寺，十一月二十八日离京返藏。民国时期，由于军阀混战，双黄寺年久失修，损坏严重。解放前夕，东黄寺主体建筑皆已毁坏，西黄寺只有清净化城塔及清净化城塔院等部分建筑保存下来。“文革”时期，东黄寺被完全拆毁。

康熙三十三年，发内帑重修东黄寺，康熙帝御书寺庙的正殿“大乘宝殿”匾额，还为殿内题写一副对联：“梵香馥郁吉云凝，象教西传净业；宝相庄严华月印，雁堂北护黄圆。”正殿之前有东、西两座碑亭。大乘宝殿内正中为“横三世佛”造像，大乘佛教认为，三世十方有无数佛同时存在，释迦牟尼是众佛中的一个。“横三世”的“世”指三个空间世界，以其同时存在，故称“横三世”。“横三世佛”即东方净琉璃世界的药师佛，中间娑婆世界的释迦牟尼佛，西方极乐世界的阿弥陀佛。第百六十五图为东方净琉璃世界药师佛造像，在释迦牟尼佛像左边；第百六十五图为释迦牟尼佛像。

药师佛身披袈裟，结跏趺坐，安坐于莲台上，左手持一可盛甘露的钵，结禅定印，右手拇指和食指持一药丸，名无价珠。但在造像时，一般都不塑钵和药丸，仅以手势表示。药师佛左胁侍为日光菩萨，手持太阳，象征光明，是药师佛国中无量菩萨中的上首菩萨；右胁侍为月光菩萨，手托月亮，象征清凉，又称“月净菩萨”，三者合称“东方三圣”或“药师三尊”。二菩萨的两旁列有药师十二神将，皆为顶戴盔甲的武将形象，每人各率七千眷属，十二神将正好是顺应药师佛的十二大愿而呈现的药师分身【图163】。

释迦牟尼佛像跏趺端坐于束腰莲座，左手托钵，结定印，为“禅定”之意；右手下垂触地，结触地印，表示他在成佛之前，为了芸芸众生不断牺牲自己，这一切唯有大地可以证明。这尊造像是佛像中最具代表性的一种——“成道相”，主体是表现释迦牟尼降魔成道。佛像肩胸宽厚，身着袒右式袈裟，仅在衣缘处铸刻边际线，汲取了萨尔那特造像的风格。大佛额际宽广，弯眉如月，双目微垂，高鼻薄唇，相容慈和，脖子上有一条僧人供奉的哈达。整像由黄铜铸造，比例匀称，线条流畅。佛像莲花托下为释迦牟尼的两大弟子，左边是迦叶，右边是阿难【图164】。

在西黄寺殿后中轴线上，有一座清净化城塔，是为缅怀六世班禅而诏命建造的。乾隆四十五年（1780年）七月二十二日，六世班禅巴丹益西（1738 – 1780）率领三大寺堪布及僧职人员百余人，到达热河避暑山庄觐见乾隆皇帝，祝贺乾隆皇帝七十寿诞。九月初二日，班禅六世抵京，驻锡西黄寺，于此讲经弘法，名传京都，善男信女川流不息，前来顶礼膜拜，盛极一时。十二月二日，班禅因染天花在西黄寺圆寂，朝野震惊。乾隆皇帝辍朝一日，命北京所有佛寺诵经四十九天，为班禅超度，并铸六世班禅赤金像一尊，另用赤金七千两造塔一座，供奉六世班禅肉身。1781年春，理藩院尚书护送六世班禅骨身舍利回西藏日喀则的札什伦布寺。乾隆四十七年（1782年），建造六世班禅衣冠塔，称“清净化城塔，俗称“班禅塔”。

清净化城塔院坐北朝南，平面呈南北向长方形，建筑面积900余平方米。整个塔型为印度佛陀伽耶塔样式，即大塔四角建小塔，五塔共建在同一塔基之上；中央主塔的结构为藏式金刚宝座佛塔；其附属建筑、佛传人物、绘画、雕刻以及花纹装饰则是汉族的传统手法，形成了融合汉族、藏族和印度佛教诸风格于一炉的巧妙建筑。它气势宏伟，布局和谐，雕刻精美，洁白端庄，享有“北京白塔之冠”的美誉。除塔顶外，整座塔全部用汉白玉砌筑。建在3米多高的汉白玉石台基上，周围环绕石栏，前、后各有牌坊、辟邪。主塔高约15米，建在八角束腰的塔基上，八角形的金刚宝座承托塔身。宝座以莲花、卷草、凤凰、祥云、蝙蝠等为纹饰，座的八面为佛教故事浮雕，座的八个拐角，各有一尊藏族力士浮雕像，手擎宝塔，气势雄伟，犷悍淳朴。塔身为覆钵体圆形，正南面雕刻佛龛，龛内为三世佛浮雕。塔刹为铜制镏金双层莲花、十三天相轮、华盖及宝瓶盖顶。塔顶端为镏金葫芦，金光灿灿。塔四角各有一座八角形塔式经幢，高7米，各分五层，每层供有八座佛像，雕刻精美，风格独特。小塔四周都雕刻有阴文经咒【图166】。

清净化城塔院南、北均有一列石阶引至塔台上，石阶前各有白石牌坊一座，牌坊后有一对辟邪。牌坊为四柱三间三楼不出头式，檐楼为琉璃瓦庑殿顶。正楼和次楼大额枋刻双龙浮雕，小额枋刻双凤浮雕；正楼花板刻“慧因寰上”四字。中柱上刻对联：“香界吉云开佛日辉悬恒普照，法轮圆镜转智珠朗印妙同参”，边柱刻如意、法轮等浮雕【图165】。

图 165　西黄寺塔前牌楼

图 166　西黄寺宝塔

图 167 朝阳门以北城墙

朝阳门以北城墙

【图 167】

这幅照片显示的是朝阳门以北城墙与护城河的情形。明清北京城的城墙始于元代，元大都城墙由夯土筑成，城墙基宽 24 米，与高及顶宽之比为 3∶2∶1，墙体为夯土筑成，故又称土城。大都城墙外边没有包砌城砖，仅苇子覆盖，以防雨水侵蚀城墙，比较容易受到损坏。然历经数百年风雨，至今部分犹存，今北京土城公园仍可见其雄姿。北京城墙包砖始于明代洪武年间，内城东西两边的城墙（位置在今西二环和东二环的北段）都是利用元大都土城作为墙心，土墙外侧加砌内外两层砖；外层用大砖，内层用小砖。土墙的内侧只加砌一层大砖，城墙上面也铺有城砖。明北京城墙所用城砖多于山东临清、聊城和河南安阳等地烧制，又以临清砖最为出名。当时每块砖约重 24 公斤，包筑 1 公里城墙可能需要几百万块的城砖。

明清北京内城城墙高 12 至 15 米，横断面呈梯形，底厚 20 米，顶厚 16 米，有城门九座，角楼四座，水门三处。城墙内侧修建有马道，坡度 15 度左右，宽约 4 至 5 米，可以骑马从马道上城墙。城墙顶部外侧用砖砌有雉堞（也叫垛口），每个雉堞高 1.9 米，宽 1.5 米，厚 0.7 米。城墙顶部内侧砌有女儿墙，约 1 米高，以防止人们失足跌下城墙。北京城内外城墙共有垛口 20772 个，垛口下的炮眼共有 12600 个。城墙每隔约 80 米设有一个敌台，也叫墩台、墙台、马面。马面与城墙同高，向外突出，因外观狭长如马面而得名。明成祖朱棣迁都时，只在北城垣修筑“马面”，以防北方蒙古攻城。至嘉靖三十二年（公元1553年）加建南城时，才在城墙上修筑马面 172 座。面积有大小两种，间距为 60～100 米。在作战的时候，马面与城墙互为依靠，消除城下死角，自上而下从三面攻击来犯的敌人。然而在热兵器时代，城墙逐渐失去了其防御作用。在这段城墙北段，遥遥可见东直门城楼以及其瓮城南侧券门的闸楼。

北京城墙外，有护城河环绕城墙。护城河是人工挖掘的壕堑，也有部分河段借用了天然河流。护城河宽约 30～60 米，深约 5 米，离城墙约 50 米。护城河上源玉泉山、白浮泉、密云诸水，自西北向东南与转河、金水河、坝河、通惠河及“六海”接通，是京城水系的重要组成部分，船只可以沿护城河通行。护城河水有时流速很大，护城河上建有许多闸、坝，以调节水量，控制流速。明正统年间加深护城河，河岸以石铺砌。墙高水绿，垂柳夹岸，野趣盎然。今仅存积水潭至东直门的北护城河，以及天宁寺至东便门的南护城河，图中所展示的护城河今已成为东二环道路之一段。由于年久淤塞，护城河日益变浅，有的地方深不足 2 米，马车即可涉过。护城河内外靠近城门的地方，为进出城门的要地，一般都居住着大量的百姓和商人，房屋密集，店铺鳞次栉比。人们往来护城河两岸，运送物品，奔波劳碌。

图 168　朝阳门

朝阳门

【图 168】

朝阳门为北京内城九门之一，今已不复存在，仅留相关地名。朝阳门始建于元至元四年（1267年），本为元大都的齐化门，“齐化门”取自《周易》：“天地感而万物化生”，“齐化”有“齐全化生”之义。齐化门也常被称为“杜门”，意为“休憩之门”。1368年八月初二日，徐达率军自通州进发大都，破齐化门，登城而入。明初屡次修葺齐化门，正统四年（1439年）重建该门的城楼、瓮城、箭楼、闸楼竣工，改名“朝阳门”。“朝阳”有两重意思：朝阳门在东方，由城内望去，是朝着太阳的方向；从城外入城的人，则是朝着皇帝的方向走去，皇帝为天之子，朝拜皇帝也叫做“朝阳”。明代民间仍俗称之为齐化门。

朝阳门门楼形制壮丽，面阔五间，通宽31.35米，进深三间，通进深19.2米；楼连台通高32米。门楼正前方为箭楼，箭楼面阔七间，通宽32.5米，进深三间，通进深25米。朝向城外的三面每层都辟有对外的箭窗，正面箭窗共有四层，每层箭窗12孔。在防御战中，箭楼处于整个城门防御系统的最前端，敌军进攻火力集中于此。箭楼不开门洞，其左右两侧也有城墙，并且和城墙相接，在城门外形成了一个向外鼓出的小城，即朝阳门的瓮城。瓮城的平面形状基本为正方形，但相邻两面墙的相接处修建成弧形而不是直角，以防止攻击城下之敌时出现进攻死角。朝阳门瓮城北墙开券门，其上有闸楼，三面都有箭窗，形制似箭楼，但规模远逊。闸楼的门洞没有门扇，取而代之的是可以吊起或放下的千斤闸，控制机关设在闸楼内。北京内城各门的瓮城有个特点，就是同一边的城墙的各瓮城城门都正对而开。内城东城墙上，朝阳门的瓮城门朝北，其北边东直门的瓮城门朝南，这是为了方便军队从某一城门经城外调往另一城门。

明清时期，朝阳门有“粮门”之称。当时北京的粮食基本都是从江南地区用船只沿大运河运到通州，再将粮卸船装车运到朝阳门内的海运仓、东门仓和禄米仓，因此朝阳门瓮城的门洞墙壁内刻有一束谷穗，以标志此门为运送五谷之门。“朝阳谷穗”为南粮北运的第一位喜迎神，也是北京九门观景之一。逢京都填仓之节日，往来粮车络绎不绝。朝阳门瓮城内建有关帝庙，但庙里只有神牌而没有神像。朝阳门外附近一带地方称关厢，由于关厢是进出城的必经之处，所以店铺多，工商业繁荣。当年北京城的关厢，除前门、崇文门、宣武门“前三门”外，以朝阳门关厢最热闹。因为在北京还没修铁路通火车时，大运河是北京与南方各省联系的一条重要交通命脉。《析津志辑佚 · 古迹》就记载：齐化门外“盖江南直沽海道，来自通州者，多于城外居止，趋之者如归。又漕运岁储，多所交易，居民殷实”。

光绪二十六年（1900年）八国联军侵华，8月13日夜，联军15000余人，分三路进逼北京。其中日军7200人，携火炮54门，从通州出发，经八里桥、定福庄、红庙、关东店，于14日7时半抵达朝阳门外东岳庙附近。日军猛攻朝阳门，组成敢死队强攻，搭云梯登城。守城军民与日军顽强肉搏，一些受伤的义和团民抱着日军从城上滚下去同归于尽。日军54门大炮连续轰击，在朝阳门箭楼北部轰塌了一个近两丈的豁口，大批日军涌上城墙，中国军民殊死搏斗，400多人壮烈牺牲。日本侵略军死伤150人，晚9时，日军占领了朝阳门。随后，日军攻入东直门、安定门，于22时许破门进入城内。随后八国联军在朝阳门外大肆屠杀义和团民。这幅拍于1901年的照片真实地反映了侵略者留给朝阳门的巨大创伤，箭楼的顶部已经完全被摧毁，箭楼北部城墙的豁口仍明显可见。

1915年，民国政府建环城铁路，朝阳门瓮城被拆除。1956年，朝阳门城楼被拆除。1958年，朝阳门箭楼被拆除。1978年，朝阳门旧址上修建了立交桥。

图 169　东四牌楼铺户（一）

东四牌楼铺户

【图 169】【图 170】

旧京有“东四、西单、鼓楼前”的顺口溜，说的就是北京几处繁华的地方，其中东四、西单的名称来源于该处牌楼的数量。牌楼亦名牌坊，是一种特殊类别的古代建筑，它兼具宫殿、坛庙之辉煌，王公府邸之华丽，古典园林之精巧，装饰性极强。古代都市街衢的起点与中段，主要街道的交会处，以及园囿、离宫、寺观、陵墓的前面，著名桥梁的两侧，都有牌楼矗立，作为建筑群体的标志。明清时期北京城内西市和东市的十字路口都建有四座牌楼，这就是著名的西“四牌楼”和东“四牌楼”，简称西四、东四，均建于明永乐年间。此外，长安街与宣武门内大街和崇文门内大街交会的地方也各有一座牌楼，因只有一座，故称西“单牌楼”和东“单牌楼”，简称西单、东单。四处地名沿用至今，这些地方如今也仍然是京城的交通要道和商肆繁华地段。

西四牌楼，位于旧时西城南北大街与东西大街的交会点，东城则有东四牌楼与之相对应，保存着古代城市东西市的古意。四座牌楼分别立于十字路的东西南北街口，形成一个“口”字，牌楼形制相同，均为四柱三间三楼出头式木结构，檐下施如意斗拱，描金油漆彩画。四牌楼主楼的明间额枋各挂一白色石匾，两面镌刻着同样的题名。东、西四牌楼题额相同，东曰“行仁”，西曰“履义”，南北曰“大市街”，其名称合乎五行“东仁、西义”之方位。西四牌楼南北向的大街称为西大市街，东侧的短街往东约三百多米就是皇城根，称为西马市大街，西侧大街称阜成门大街。东四牌楼南北向为东大市街，东侧为朝阳门大街，西侧是猪市大街。

明代的西市还是杀人刑场，从五行方位来讲，东为春、为木，主生长；西为秋、为金，主刑杀，故古时有“秋后问斩”之说。在繁华的闹市处死犯人，还能达到杀一儆百之目的。而且杀（砍头）与剐（凌迟）也不在同一个牌楼下面，杀在西，剐在东。清代，将杀人刑场转移至宣武门外的菜市口。

明清时期，东、西四牌楼都是繁华地带，店铺众多，车水马龙，行人如梭。东四牌楼周边集居着很多富家大户，以及资金雄厚的店铺、著名的钱庄，如富冠京师的“四大恒”钱庄——恒兴、恒和、恒利、恒源都位于东四附近，还有晋阳春饭馆，恒信公、华盛东绸布店，永安堂药店，以“大八件”闻名的合芳楼，制黄白蜂糕的美蓉斋，瑞芳斋饽饽铺等。但在这幅照片中，看到的却是祸国殃民的鸦片馆——“大成楼老烟铺”，铺面为三株两间二楼出头牌坊式，壮丽宏阔，两座门的门楣上各有匾额，左曰“瞻泰岳”，右曰“长安近”。馆内也许有人正在云雾缭绕的仙境中醉生梦死，感觉自己身形飘飘，凭虚御风，如登泰山，观云海茫茫，一览众山小；又好似金榜题名，新科状元郎骑高头大红马，阔步天安门下长安街。鸦片馆外，八国联军耀武扬威，横冲直撞，肆意抢掠。“四大恒”钱庄在庚子之变的浩劫中遭受灭顶之灾，后来又惨淡经营十余年，终于 1910 年前后关闭【图 169】。

这幅照片中见到的东四南大街，沿街商铺栉比鳞次，门面装饰精雕细刻，自左而右依次是合芳楼糕点铺、宝裕号茶叶店以及某账房。合芳楼制作的大八件、中八件、小八件的饽饽名闻京城，很受顾客欢迎【图 170】。

1954年底，为扩展城市街道，方便交通，北京市政府决定拆除东西四牌楼及北海三座门大高殿牌楼，于 1954 年 12 月 21 日开工，1955 年 1 月 14 日完成拆除。

图 170　东四牌楼铺户（二）

图书在版编目（CIP）数据

清代北京皇城写真帖／（日）小川一真摄；杨文举撰文.
—北京：学苑出版社，2009．1
ISBN 978-7-5077-3185-9

I. 清… Ⅱ.①小…②杨… Ⅲ.古建筑－北京市－摄影
集 Ⅳ.K928.71-64

中国版本图书馆 CIP 数据核字（2008）第 176512 号

责任编辑：张　翔
封面设计：周　毅
出版发行：学苑出版社
社　　址：北京市丰台区南方庄 2 号院 1 号楼
邮政编码：100079
网　　址：www.book001.com
电子邮箱：xueyuan@public.bta.net.cn
销售电话：010-67675512、67678944、67601101(邮购)
经　　销：新华书店
印 刷 厂：中青印刷厂
开本尺寸：787 × 1092　1/ 12
印　　张：20
字　　数：100 千字
印　　数：3000 册
版　　次：2009 年 1 月第 1 版
印　　次：2009 年 1 月第 1 次印刷
定　　价：78.00 元